スクールリーダーが知っておきたい60の心得

田中博史
筑波大学附属小学校副校長
全国算数授業研究会会長

土居英一
高知市立潮江南小学校長
前高知市教育委員会教育次長

宮本博規
熊本市立白川小学校長
前熊本市教育センター所長

柳瀬泰
三鷹市立高山小学校長
東京都算数教育研究会会長

東洋館出版社

学校が元気になるために
今、スクールリーダーに求められる資質能力を問う

新しい時代のスクールリーダーに求められる資質能力とはなんだろうか。

私たちが、この熟議シリーズで一貫して世に問うてきたことである。

リーダーによって学校はいきいきもするし、息苦しくもなる。私は全国の学校を訪問する機会が多いが、若い先生ばかりなのに覇気のない学校にも出会う。教師に覇気のない学校は、やはり子どもも元気がない。逆に、どうして教師も子どももこんなに溌剌としているのだろうと感心してしまう学校もある。

いったい何が違うのだろうと最初は不思議だったが、それでも一日その学校にいると次第にその原因がちらほら見えてくる。形式ばかりを重んじるリーダーによって現場の先生たちが委縮していたり、やらされていると感じる仕事が多くてゆとりがなかったり、そんな空気が漂ってくる。きまりが多すぎて委縮する子ども、宿題が多すぎて余計なことはしない子どもの実態と実は よく似ているのだ。

でもだからといって、全く自由にすればいいというものでもないことは誰もが知っている。その狭間でリーダーの心は揺れる。

2011年に、やはり自らがリーダーとなっていかねばならない課題に直面した同世代

の土居英一、柳瀬泰、宮本博規、そして田中博史の4人でその問題点を整理し、具体的な改善策を提案していくことに取り組んだ。それが『学校を元気にする33の熟議』だった。

スクールリーダーの役割を見つめ直すこの動きは、私たちと想いを同じにする日本各地のリーダーに拡がり、2013年には『学校をもっと元気にする47の熟議』につながっていく。私たち4人は活動する地域は異なっていても、若いときから所属していた全国算数授業研究会を通して同じ思いに悩む全国のスクールリーダーとその問題意識を共有し続けてきたその成果の本だった。

時を経て、4人とも学校を率いる立場となった。自分の学校の先生たちをそれこそクラスの子どもが育つのと同じ感覚で見守る境地は、担任時代にクラスづくりに燃えたあの感覚を思い出させてくれる。

この国の学校が今より少しでも元気になることを願い、悩める次世代のスクールリーダーたちの応援歌として我々のラストメッセージをここに贈る。

田中 博史
土居 英一
宮本 博規
柳瀬 泰

第3章 初任から3年目までの若手に贈る16のアドバイス

第1章

熟議：前半戦
これからの時代のスクールリーダーに何を求めるか

新しい時代のスクールリーダーが求められている。学校をもっと元気にするために、教師がもっと授業に情熱を傾けられるように、子どもたちがもっといきいきするために、スクールリーダーは何をすべきか。

そして、スクールリーダーの資質・能力を育てるためにはどうすればいいのか——。

学校を変えるための革新的提言！

これからの時代のスクールリーダーに何を求めるか

スクールリーダーとはどういった人たちか

田中　まずは我々がスクールリーダーというものをどのように捉え、どういうところに焦点を当てていこうとしているのかという話から入りましょう。

土居　やっぱりスクールリーダーといえば、教務主任や研究主任、それに生徒指導主任などの主任クラスを思い浮かべますね。

柳瀬　各自治体では人材育成の指標が策定されて、経験年数に応じた職層が定められ、それぞれの段階で求められる能力が示されています。いわゆる「職」としてのスクールリーダーです。でも、私はスクールリーダーをもう少し幅広く捉えています。

田中　宮本さんは、どのようにリーダーを捉えますか。

宮本　教務主任、研究主任、生徒指導主任は、やはり校務分掌でいえば教務部や研究部など各部のトップではあると思います。でも、実際のスクールリーダーというのはもう少し若手のイメージでしょうか。ミドルリーダーというか、どちらかというと学校現場の最前線にいる教諭というのが私のイメージです。

田中　なるほど。一言でスクールリーダーといっても、それぞれ少しずつ、イメージが異なっていますね。私は、スクールリーダーを組織の役職として捉える考え方もあるけれど、学校の中の教員のリーダーは役職としてではなく、みんながリーダーとして認める人のことをいうのではないかと思っています。**職員室の中に、この人がいればみんながまとまるという人のこと**をいうのではないでしょうか。そういうリーダーを育てる、という視点で考えるのはどうですか。

たとえば、クラスの中で、どの子がリーダーになるかと考えたりするじゃないですか。それと同じように、学校運営の場合でも、組織の役職としてのリーダーとは別に、本当の意味での**「中核になる先生」**というのが存在すると思います。

宮本　そうですね。「中核になる先生」というのは学校には必要な存在ですね。

田中　そういう本当の意味でのリーダーを見つけて、そこに役職を与えていく、というのが効果的かもしれませんね。その教師が本来持っている人を見抜く、ということでもあると思います。それをどうやって見つけるかが問題ですね。

たとえば、教務主任を選ぶときと研究主任を選ぶときでは、どういう視点で使い分けていますか？

宮本　やはり**コーディネートができる、うまくマネジメントができる人は、教務主任にうまく納まる**ように思います。当然、研究主任にもコーディネートの力は必要ですけど、私は授業力を優先するかな。

土居　年齢にかかわらず、その部署の中身について、最もリーダー的な資質を持っている人物が、そこに据えられていれば一番いいのだけれども、多くの学校はそうなっていないですね。それよりも、教諭たちの年齢構成が変わってくる中で、今までのやり方を変えていかなければ、何事も前に進められなくなっている現実があると思います。年配の教諭を主任にする時代はもう終わっていて、若手でもなんでも、主任になってもらわなければ物事が前に進まない。だから、**年齢や経験などにこだわらず、学校の中で全体を引っ張っていける人たちを育てていくことが必要**になってきています。それは主任かもしれないし、無役のリーダーなのかもしれません。学校によっては、3年か5年目ぐらいの若手が、その役割を果たしている場合もあります。

田中　たしかに現実的に若い研究主任は増えています。この人たちが学校の中で活躍できるようにするための環境づくりが必要でしょう。

柳瀬　前任校の研究主任は27歳。現任校の研究主任は42歳です。年齢差はかなりあります。

01 心得

田中 博史（たなか ひろし）

1958年、山口県生まれ。筑波大学附属小学校副校長。全国算数授業研究会会長、筑波大学人間学群教育学類非常勤講師、日本数学教育学会出版部幹事、学校図書教科書「小学校算数」監修委員。算数教育以外にも学級経営などの講座も開く。また課外授業「ようこそ先輩」などNHK教育番組にも多数出演。おもな著書に『子どもと接するときにほんとうに大切なこと』（キノブックス）、『語り始めの言葉「たとえば」で深まる算数授業』『子どもが変わる接し方』『子どもが変わる授業』（東洋館出版社）などがある。

しかし、彼らに求めるものに大きな違いはありません。研究活動はその学校の教育の質を良くも悪くもしてしまうので、研究主任を校長が選ぶときには必要な条件というものがあるように思えます。

田中　リーダーに選ばれるには二通りありますよね。**若者を育てたいから研究主任やリーダーに校長が指名してやらせる場合と、すでにもうリーダー格になっている人間に任せる場合**と。

柳瀬　前者は育成の視点から、後者には、常に新しい風を意識してほしいですね。なんとなく定位置に納まってしまう人もいる。

田中　当人も周囲も比較的落ち着いているでしょう。

宮本　そうですね。リーダー格の先生がやるのが学校も安定するとは思いますが、職員構成によっては、消去法で、力不足ではあるけれども若手の先生を抜擢しなければならない場合も出てきます。

田中　前者の場合で起きているトラブルは想像つきますね。31歳ぐらいの研究主任が悩んでいたので、その中身を聞いてみると、「ついてきてくれる人がいない」ということでした。それをどうしてあげるかが、一つ大事なことだと思います。

校長はその人間をリーダーとして3年間かけて育てようとしているのだけれど、教師集団の方にその人が育つのを待つ力がない。まわりは、その人をまだリーダーとしては認めていない。こういう場合はどうするのでしょう？

スクールリーダーの資質とは？

柳瀬　若手を主任に指名する場合は、そもそも校内の研究体制ができていない場合が多い、つまり、若いリーダーの育成と研究体制づくりが同時進行となります。最短で1年間は時間がかかります。その場合は、まず校長が学校経営の目的に**「研究活動の充実」を掲げ、若いリーダーに「何を託すのか」を明確にしてあげるといい**です。若者がリーダーとして自立するまでに孤立させないように皆で見守る環境づくりをします。

02 心得

田中　他ではあまり参考にならないかもしれませんけど、筑波大学附属小学校で研究を推進する場合、一つだけ、これはいい方法かなと思っているやり方があります。それは、前の研究が進んでいるうちに、**その研究の最終年度に次の研究をスタートさせるグループをつくっていること**です。第二研究企画部会というのですが、4人ほど指名された人間をリーダーに選びます。「次は彼らがいい」とみんなが思う人間が集まって水面下で1年間先取りして次の研究を進めているのです。

宮本　それは並行してですか。

田中　そうです。次のテーマをつくる1年間の猶予が与えられています。ある種の準備期間なのですが、その4人の中の誰かが次の研究企画部長になるというわけです。

宮本　次の研究企画部長は誰がやるのか、はっきりしていないんですか。たとえ準備期間だとしてもリーダー的な役割の人が必要だとは思うのですが、合議制で決めていくのでしょうか。

田中　4人で1ヶ月ぐらい部会を進めていけば、それは自ずと決まっていくものです。4人で話していくうちに、自然に「やはり、このテーマに関してはあなたがリーダーに適任だ」ということに。でも、これまでも副校長の方針によって微妙に違っていました。4人を対等にする場合と企画部長のみを決めて構成員3人を部長に選ばせる場合とあります。私は後者の方法を使いましたけど。

柳瀬　今年度の研究を進め、同時並行でもう一つの小組織で第二研究会をつくって、翌年の研究の企画を進めている、ということ？

田中　うちはだいたい3年間から4年間が一つの研究のスパンになっています。その最終年度に1年間、水面下で動く別の部隊を決めているということなんです。だから、誰かに言われてやらされているのではなく、自分たちがリーダーを育てているという意識が育っていくわけです。ただ、このやり方を通常の学校でやろうと思っても難しいかもしれないのは、今の校長先生や教員が翌年もその学校に在籍しているかどうかがわからないことでしょう。まだ次期校長が決まっていない段階で、次のことを決めてしまうわけ

柳瀬 泰（やなせ やすし）

1958年、東京都生まれ。三鷹市立高山小学校長。東京都算数教育研究会会長、全国算数授業研究会理事、三鷹市公立小学校校長会会長、第100回全国算数・数学教育研（東京）大会副実行委員長、学校図書教科書「小学校算数」監修委員。元目黒区教育委員会指導課長、元めぐろ学校サポートセンター長。おもな著書に『やさしく、深く、伝わる校長講話』『学校が元気になる33の熟議』『パターンブロックで創る楽しい算数授業』（すべて東洋館出版社）、田中博史氏との共著で『算数科・子どもの声で授業を創る』（明治図書）など多数。

にはいきません。校長が変われば、方針が変わってしまうかもしれませんからね。

だとしても、このようにリーダーをみんなで選ぶシステムがうまく稼働していけば、「新しい年度が来た場合、次のリーダーを誰に任せれば、みんながついていくのか」という課題を、人事異動の希望文書が提出される前の段階で、いち早く的確に進めていくことができます。

柳瀬　そういうシステムでみんなが納得して進められるならば、新しい校長に引き継いでいくことは可能ですね。誰のリーダーシップの下で研究に取り組むか、ということは大事なのでとても現実的なやり方だと思います。「誰に任せればみんながついていくか」という視点での人選をするなら、**タフで柔軟、頑固だけど素直な人物**です。研究を推進していく主任というものは苦しい場面があります。まわりの人々が自然に声をかけてくれる、そんな人物像です。

宮本　そうですね。本来、研究主任は研究授業などプラスαでお願いすることが多く、必ずどこかで苦しい立場に追い込まれるんですよね。

柳瀬　校内研究は個人研究ではない。常に研究主題に立ち返り、**子どもの成長や他の教室の授業の充実や仲間の悩みを共有しないとならない。真摯に迷い続けるリーダーがいい。**

宮本　だから、あまり強すぎてはいけないかもしれません。積極的ではあるのだけれど、ときにはどこかでちょっと弱みも覗かせるような人間味にあふれた人こそがリーダーにふさわしいのかなと思います。

柳瀬　二十代のような若手に任せるときには、特にそれは大事だと思います。

土居　だから、やはりまわりがその先生の存在を認め、「あの先生を助けてあげなければならない、後押ししてあげなければならない」と思わせるような部分を持っていなければいけないでしょうね。

田中　周囲が「支えてあげたくなる人」にはリーダーの資質がある、というわけですね。でも、支えてあげたくなる人とは、どんな人なのでしょうか。たとえば、優柔不断な性格の人なのでしょうか（笑）

柳瀬　「決める強さ」に欠けることは不向きということですか。

宮本　弱すぎてもいけないでしょうね。

田中　逆に強すぎるのもだめだと思います。

宮本　強すぎてもいけませんね。やはり素直な性格の人がふさわしいと思います。ある程度他の人々の発言に耳を傾ける人間でなければなりません。もちろん、しょっちゅう考えがぶれているような優柔不断ではいけませんが、そのバランスが大事ですね。

田中　**聞く耳を持っている人**ということですね。

柳瀬　とはいえ、ただ聞いているだけではだめですよね。やはり、**批判的に聞く耳を持つとともに、よい方向を見出し進めたいという強い思いがないと人はついてこない**し、支

03 心得

えがいもなくなってくる。

田中　まずは、他人の発言に耳を傾ける人であることが重要だということですね。でも、聞いているだけではいけない。そして、強い思いを持っている。これがリーダーの資質だということですね。逆に、管理職の立場に立てば、上から指名するだけではなく、**「こういう人をリーダーにしたい」というみんなの思いを受け止めようとする姿勢も必要**でしょうね。

宮本　その通りです。普段から職員の思いを受け止めようとする姿勢や意識が、管理職には求められていると思いますね。

田中　リーダーを選ぶときに、どういう人材を選んで、どのように育てればみんながついていくのでしょうか。

宮本　リーダーは、あまり表に出すぎてはいけないような気がします。**秘めたる思いを持ち、「この人は一本筋が通っている」と思わせる人間**だからこそ、みんなが支えてあげようという気になるのではないでしょうか。

田中　私自身は今話題になっているような「支えてあげたくなる」タイプのリーダーではなかったと思います（笑）。むしろ、研究企画部長になったときには、「田中さんはどんなテーマを出して、みんなをグイグイ引っ張っていくのか」と思われていました。

だけど、実際に研究企画部長になったときは、みんなが考えていることとは真逆のことをしました。私からはテーマを決めず「一人ずつ自分で決めてください」という姿勢で臨んだのです。当然、みんなは「それで、どうするのですか」と聞いてきます。「研究テーマは35の提案としますから、それぞれが自分でテーマを決めてください」と答えました。私の場合、**「引くこと」が意外性だった**わけです。「田中なら強引にやるだろう」という外から見える印象とは、逆のことを試してみるのも一つの方法かもしれません。このときに、みんなが出した35のテーマについては、ジャンル分けして研究発表できるような工夫をしました。

こうした経験もあって、強いタイプの人間をリーダーに指名するときは、その人間に「強引に事を進めるとアレルギーを持たれる危険性がある」「強引に引っ張っていくのではない、別の方法で受け入れてもらえる作戦を一つ考えておくように」とアドバイスするようにしています。

また、強い思いを持っていても、それを実現するマネジメント力が伴わない場合は、苦労すると思います。たとえば、来年研究をリードしてほしい人には誰がふさわしいのかについて、職員たちに投票してもらうという方法はどうでしょう。

土居　投票するというだけで、リーダーの立場がなくなる可能性もあります。マネジメント力、思いの強さ、人間性など、いろいろな意味でバランス感覚のあるリーダーの資質をすべて持ち合わせた人が、それほどいるわけではありませんから。

そうなると、それぞれのリーダーのタイプでやり方を変えていくしかありませんね。「思い先行型」のリーダーの場合は「この人の思いを学校にイズムとして浸透させれば、学校を変えることができる」。そのかわり、そうしたタイプは、計画を立てるのが苦手であることが多い。逆に、「きちんとした計画を立てる能力には秀でていても、それを前に進める推進力が弱い」というタイプのリーダーもいます。

そういったそれぞれのリーダーの資質を見ながら、**まわりが足りない部分を補佐してあげるということが、職場の中でリーダーを育てることになる**ような気がします。最初から、すべてのリーダー的な要素を兼ね備えているような人物など絶対にいませんから。

田中　今の話を聞いていますと、リーダー的な資質を持った人間を探して、その人物に委ねようという考え方の他に、リーダー的な資質など持っていなくても、まずはリーダーという役割を与えて、その人を育てていけばいいという考え方があることがわかりました。では、リーダー的「資質」の中での優先順位は、何が一番なのでしょうね。

宮本　私は先ほど「強い思い」と言いましたが、まず必要なのは率先垂範だと思います。人には研究授業をお願いするけど、自分では研究授業をやらないようなリーダーであっては困るわけです。「まず私がやってみましょう」という雰囲気を持っている人間にみんながついていくと思う。

田中　強い思いを持っている人は、いざとなったら自分で研究授業を率先してやるはずだ、

土居 英一（どい　えいいち）

1958年、高知県生まれ。高知市立潮江南小学校長。高知市算数研究会会長、前高知市教育委員会教育次長。1982年から20年間高知市立小学校で勤務（内2年間は高知市教育研究所）。高知市教育委員会学校教育課7年、高知県教育委員会小中学校課2年を経て2011年から高知市教育委員会学校教育課長。2014年から高知市教育委員会教育次長を務めた後2017年から現職。おもな著書に『算数教育を考える21の提言』（全国算数授業研究会企画編集）『基礎・基本をおさえた算数科授業づくりのポイント　小学校4年生』（日本数学教育学会編）（すべて東洋館出版社）などがある。

というわけですね。

宮本　もちろん、そうとばかりは限りませんが。強い思いの人は実行力も伴う人が多いように感じます。

田中　もし、そうだとするとリーダーになるには、率先して「なんでもやる」覚悟を持たないと、軽々しく「やる」とは言えない、ということになってしまいかねませんね。

柳瀬　リーダーの資質はそういう一側面だけではないと思います。校内には分掌を統括するリーダーが複数います。たとえば、思いの強さが先行しても結果オーライの研究主任タイプがいれば、控えめだけれど冷静な教務主任もいます。そうした異なるタイプの主任同士が支え合っていくことが重要です。研究主任のマネジメント力が弱くても、主任同士で十分カバーできるはずです。だから、校長は、**主任同士が支え合いを支える体制を整えてあげる必要がある**と思います。

田中　ちなみに、公立学校は、翌年の年間行事予定表をいつ頃に提出するのでしょうか。

宮本　12月ぐらいですね。確定するのは教育委員会関係の行事が2月初旬頃に各学校に降りてきますので、それからということになります。

田中　それは次の年度の人事が決まらなくても、決めることができるのでしょうか。

宮本　熊本の場合は、次の年度の人事は3月の終わり頃になりますので、人が決まらなくても行事予定だけは決めます。

宮本 博規（みやもと ひろき）

1958年、熊本県生まれ。熊本市立白川小学校長。熊本市小学校校長会会長、第34回小学校算数教育研究全国（熊本）大会実行委員長、全国算数授業研究会全国理事、前熊本市教育センター所長。20年以上にわたって熊本県算数教育界を牽引する。NHK教育番組「わかる算数4年生」「わくわく授業～わたしの教え方～」等に出演。おもな著書に『算数学び合い授業スタートブック』などの学び合い授業シリーズ（明治図書）がある。近著は『ペア学習＆グループ学習でつくる算数学び合い授業アイデアブック』（明治図書）、『新学習指導要領から見えてくる 算数授業で変えなきゃいけないこと・変えてはいけないこと』（東洋館出版社）がある。

田中　ということは、行事の予定が決まった時点で、次の人がコーディネートできるわけですね。

宮本　そういうことです。行事が先で人が後になります。

土居　さすがに、今は昔のようななんでもかんでも4月にスタートさせなければならない、という発想はなくなっていると思います。

田中　たとえば担任発表などの人事はどうなのでしょう。

宮本　熊本の場合、発表は遅いです。私のところでは4月の最初の職員会議での担任発表になります。

柳瀬　誰が残るかはわかっているので、その人たちに早い段階で、担当する主任や学年を相談し打診します。

田中　学校の中でそのような融通が利けば、わりと準備が早くできるはずですよね。

柳瀬　研究主任などは秋頃から声をかけています。研究主題を変える、対象とする教科を変更するなどの場合は、そういう話題を出しておく必要があります。そうしたことを4月にスタートさせていては、一学期は何もできないことになってしまいます。

宮本　もちろん、わかっている分についてはおっしゃる通りですけれども、やはり教員の入れ替わりが激しい学校では、ちょっと難しい場合も出てくるかもしれません。

田中　驚くのは、非常勤の講師や産休代替のような教師たちが1年生の担任をやっているというケースがたくさんあること。あれはそれぞれの学校事情で仕方なくそうなるのでしょうか。

宮本　仕方なくですね。力のある講師の先生ならそれもありでしょうけれど、職員構成によっては仕方のない場合も出てきます。

田中　さすがにそうした人たちが6年生の担任を任されるという話を聞いたことはありませんが、私たちのイメージでは、1年生と6年生はある程度経験を積まないとできないことが常識でしたから、初めて先生になる場合は、2年生とか4年生の担任を任せるのが一般的でした。

宮本　今はベテランの再任用の先生に1年生をお願いすることも増えてきています。この先生方は教諭扱いですからね。大学を卒業したばかりの臨時採用の先生方に1年生の担任を任せるのはどうかと思いますが。

柳瀬　やはり校長の**見通しある人事構想は重要**ですね。**校務分掌で仕事をすること自体が、人材育成の場になる**ような分掌づくりの工夫が必要です。

田中　今の話をまとめると、校長は、リーダーに期待する資質をどれだけ意識し、どれだけ教員たちの適性を把握して人事配置をしているかが重要だということですね。

では、次は、学校と教師をもっと元気にするためにはどうすればよいかについて考えていきましょう。

（後半戦に続く）

第2章

スクールリーダーに届ける16のメッセージ

活気のある校内研修、やる気の出る学級文化、効果的な若手の育て方、全教員の巻き込み方……。

本章では、スクールリーダーに役立つような考え方・取り組み方を提案する。

01

心得 07

意欲向上しない理由を考える
―取り組みの方法は自分で「選ぶ」―

田中

1. 親切すぎる研修体制が、受け身な教員をつくり出していないか

最近では、いろいろな県の研修主任講座なども依頼されることがある。国も自治体もそれぞれの地域の初任者研修を始め、十年次研修、はたまた英語の研修にICTリテラシー研修と様々な研修講座をつくることに余念がない。

きめ細やかな研修体制はありがたいが、果たして参加している教員の意欲はどうか。いや、主催者の中には、せっかく研修体制をつくったのだから各校に割り当てて半ば強制的な参加も促されているという話も聞くから、なんだかたくさんの宿題を背負ってこなすことに必死になっている小学生と似た状況になっていないだろうか。

世話をされすぎた子どもが自立しないのと似ていて、せっかくの体制も逆効果になっているという悩みを各校の研究リーダーたちからよく聞くのである。

こうした状況にどう向き合うのか。

教員が意欲的に自らの資質・能力の向上に向き合っていけるような校内レベルの研修体制のつくり方について考えてみたい。

2. 教員の意欲が盛り上がらない原因をまずは探ることから

子どもに限らず大人も他から強いられたことには積極的に動こうとしない。せめて方法だけでも選ばせてほしいと願うのは、大人も子どもも同じであろう。

では、どんなことが現場教師の意欲をそいでいるのか。あるとき、私は若い先生方に尋ねてみた。すると次のような本音が聞けた。

A. 指導案を書くのがつらい
B. 指導案検討会で、自分の案が打ち消されるのが嫌である
C. 指導案も授業の型も守るべき形式がたくさんあって自由がない
D. 授業後の検討会で、否定的な意見を言われるのが嫌である

もちろん、何が理由なのかは学校や地域によって異なることだろう。しかし、傾向としては右記のようなものが多いのではないだろうか。

まずはこうした本音をじっくりと聞き出すことから取り組んでみたらどうだろう。

譲れない部分と任せられる部分をリーダーもこの機会に整理してみたらどうか。

02

心得08

教員の意見を整理し、新たな研修のための環境づくりをともに考えよう

田中

前項のように本音を聞き出したら、次にこれを整理してみよう。

これも一つの問題解決である。先ほどのような意見が出た場合を例にして整理してみると実はこの場合は次の二つのタイプに分類できることがわかる。

(1もっと自分で自由に取り組んでみたい。たとえば指導案ももっと自分の案を試してみたい。

前項の意見ではBやCのような意見である。いわゆる積極派タイプといえるだろうか。

一方で、

(2一人では案が浮かばないから、ともに考えてくれる人、援助してくれる人がほしい。授業後も自分を否定されるのは嫌だから協議会もやさしくしてほしい

という不安タイプもいるはず。

前項のだとAやDのような意見がこれにつながる。

このタイプはBのようには感じないらしく、他からたくさん援助してもらう事前の準備

会はありがたいという。さらに事前の準備会で発言した人は、共同で指導案をつくったような立場だから、協議会でも応援してくれるので安心だという。ところが、この状況は(1のタイプの方には実はまどろっこしく感じられるらしく、もっとちゃんと意見を言ってほしいという言葉になって表れてしまう。

ニーズ別の研修会をつくる―ポイントは自分で「選べる」こと―

研修はもともと教員の権利の一つでもある。そして研修には意欲が最も大切である。この二つを考えると、もっと楽しく前向きになれる研修体制をつくるというのは、大切な課題だということは誰でもわかる。

しかし、前述してきたような現実に存在するギャップに対応しきれないでいる。いやもしかしたら、先に述べた積極派のみが肯定される雰囲気が強く、(2のタイプの方は強いられているのみと感じてますます気分が重くなっているのではないか。

クラスの子どもがそうであるように、大人の集団もタイプはいろいろである。リーダーには、それぞれの個性に対応する体制をつくることは大切な役割になる。

現実には研究主任も責任が押しつけられていて、なんとか体裁を整えなくてはならないという縛りを感じていることがあり、それが焦りにつながるのである。

目的は教員が自分を向上させたいと感じ、昨日とは違う何か一つを得られればいいとシンプルに考えてみたらどうだろう。そのためには、研究の方法も選ばせてあげるのである。

03

心得09

ニーズ別研修会のつくり方

―発想を変えて、研究に向き合う方法は自分で選べるようにする―

田中

1．指導案を書く、書かないから選べるとしたら……

研究授業に向き合う場面を例として取り上げる。

まず全職員に1年間に一度は授業公開をしてもらうことを告げる。なんだ、やはりいつもと同じか……とみんな嫌な顔をするだろうか。でも、すぐに次のように付け加える。

「ただし、その公開方法は次のように選択できることにします」と。

ア．指導案なしでの公開（ただし公開した後でそれを指導案の形式で記録する）

イ．指導案を書いて公開

こちらの場合は、もう一つ選択肢をつくる。

イ―1　指導案を事前に書き、みんなに検討してもらって研究授業をする。

授業後はよかった点のみをコメント用紙に書いてもらう。

イ―2　指導案は当日配布でよい。

そのかわり授業後の協議会は厳しく改善点を指摘してもらう。

どうだろう。この提案を見たときの先生方の雰囲気が想像できるだろうか。私が訪問している学校で実際にやってみたら、結構、みんなにこにこして話を聞いてくれた。選べると聞いただけで実は取り組みに向けた心も少し穏やかになる。

2．活性化しないのは目的がはっきりしないから

校内研修会はそもそもなんのためにしているのか。誰のためか。一度、根本から考える機会を持とう。提案1で私が述べた「指導案を書かないで公開授業をする方法」を読んで、それでは意味がないと思っていないだろうか。

実は研究会では、事前の計画に縛られて柔軟な対応ができなくなっている教師も多い。プランを自分だけが知っているのなら子どもの様子によって対応を変えることもできる。その結果、授業そのものがよくなることもある。

本当は指導案を書いていてもこの境地にならなければいけないのだが、参観者にプランを提示すると誰もが縛られてしまって研究授業になると人が変わったようになるというのはよく聞く意見。だから、他の方に授業を見てもらうのに指導案なしで行うこともちゃんと意味があるのだと肯定してあげる。ただし、この場合に一つだけ成長してもらうようにするために、授業後に指導案形式で記録を書くことを勧める。

実は、あまり経験がない教員の中には、自分が指導案の形式で書いた文書の量と実際に用いる時間の感覚がまだあまりしっかりしていない場合もある。必死で紙面を埋めたけど内容は3時間分にもなっていたというのはよくある話。これを逆に体験してもらう意味でも終わった後で指導案の形式に書く。すると案外文書にすると量がないことを知って驚くだろう。

04

心得10

選んだ研究方法のそれぞれのよさを知っておくこと

田中

「指導案を書く」を選んだ場合にも、選択肢があった。おもしろいことに、イ―1を選んだけれど、私は改善点も書いてほしいという先生が必ずいる。ほんの少しだけだが、前向きになれたわけである。もしも若い教師だったら褒めてあげよう。

だが心配しなくても、実はよい点を指摘してもらうという約束で行うだけでも個々の教師の学びには必ずなる。自分がよいと思っていたことが参観者からはよい点として書かれなかったということを味わうことも少なからずショックなのだ。だから最初の方法でも刺激は得られるのである。

イ―2の積極派タイプがどのぐらいいるだろうか。今後、学校のリーダーを任せていく人材を探すという意味でもこうして研修への取り組み方を選ばせてみるのはおもしろいのである。

ただし、読者の先生方、このイ―2だけがよいのだと思っていないだろうか。もしもその価値観に浸っていたら、いくら「選ぶ研修方法システム」を使ってもだめである。それぞれの選択肢に必ずよい点があり、一度は経験してみるとよい体験になると説明できることが必要である。

リーダーが選択肢を示したけれど、どれが価値が高いのかを実は暗に示していて、それを無理やり選ばせようとしたら、結果は今までと同じになる。

私自身は、指導案を書いても見せないで公開授業を見てもらうことが時々ある。ある全国大会で私はなんと指導案を袋とじにして、先に「参観者に児童と同じ目線で見てもらいたい」という趣旨を説明して行ったことがある。

事前に展開案を読んでしまうと、子どもたちの感じる戸惑いを共感できないことが多い。だから協議会では、指導案を読まなかった人に子どもの気持ちになって意見を言ってもらうことを先に行う。教師の思い込みを指摘してもらうためにもあえてこうした方法を試すこともあってよい。

「指導案を書く」のは、教師の授業設計力を育てる意味ではとても大切だが、授業を行う本人だけでなく、参加している他の教師にとっても意味のある会にするためには、いつも決まりきった方法ばかり行うことはない。参加者の授業を観る目を鍛えることを目的にするならば前述したようなことも試してみればいい。授業研究は日本の教師教育のよき文化のひとつでもあるが、次第に形式に「ねばならない」ものが多くなり、その効果、価値も半減させてしまっていることが多いのではないか。

日本の先生たちが授業研究を楽しめる環境を、もっと柔軟な発想をもとにしてつくっていくことが新しい時代のスクールリーダーたちに求められる課題だと思うのである。

05

心得 11

この人のセンスを生かす
―資質・能力ベースに目を向けた新たな生活指導の展開―

柳瀬

授業力の高い教師は、生活指導の力量も高い。授業を通じて子どもを育てることができる先生に、学校全体の生活指導を束ねる「生活指導主任」に任せたいと思う。

そういう視点から、S先生を生活指導主任に配置したいと考え、1年前から様々な場面で様子を見たり、意見交換をしたりする機会を持った。

どんな学校でも「あいさつ」や「安全」や「環境整備」に関する指導をする事項がある。それが月ごとの目標として示されたり、毎週の全校朝会や学級指導で繰り返し指導されるが、それが子どもの中にしっかりと根を下ろすまでには及ばない。

「いい加減に、いたちごっこのような生活指導から脱却したいね」。ある日、私はS先生に、そこに迫る方法について何か名案はないものかと尋ねてみた。

即答はなかったが、彼女はその答えを3月に出した。

「校長先生、これでやってみたいと思います」と、一枚のメモを差し出した。

そこには高山小「生活のさ・し・す・せ・そ」とあり、左のように書かれていた。

㋚わやかなあいさつと返事
㋛ずかな廊下

㋜ばやい集合
㋝っせと掃除
㋞ろったくつ箱

借り物ではない本校にぴったりのキーワード、これまで本校で繰り返し指導してきた事柄がわかりやすく、覚えやすく、整理されていた。

「うん、おもしろい。それで、これを教室に掲示するの？」と聞くと、

「いえ、掲示はしません。視覚化は効果がないと思います。言葉で意識化させていきたいです」ときっぱりと言った。

（よくわかっているな）と感心した。

S先生は4月の職員打ち合わせで、学校全体で6年間一貫して、言語を通じて意識化することの大切さを確認し、「高山小のさ・し・す・せ・そ」を紹介し、この5項目を毎日の学習と生活の中でセットで取り組んでいく必要性を説明した。

このワードのおかげで、全教職員が一貫性のある指導ができるようになった。たとえば、清掃時間中、ふざけている子どもには、「さ・し・す・せ・その㋝はなんだっけ？」と問う。「えーと、せっせとそうじ、です」と答える。「よし、じゃ、せっせと取り組もう」「はーい」といった具合である。

コンテンツからコンピテンシーへ教育の質的転換期だ。生活指導も、日常の生活の子どもの姿を正しく捉え、その子ども心に働きかけるセンスが何より大事である。

06

心得 12

この人の構想力を生かす
―自分らしさを追求しながら、組織に前向きな目標を示す存在感―

柳瀬

「授業で自分を表現したいです」。Y先生に出会ったときに聞いた言葉である。経験年数5年目の彼に私は「だったら、自ら師を探すことから始めてごらん」と話し、優れた実践者、研究者、研究会を次々に紹介した。彼は学校の仕事を効率よくこなし、様々な研究会に足繁く通った。結果、彼の関心は「算数研究」に向かっていった。

メキシコ五輪のマラソン銀メダリストの君原健二選手を育てた名コーチ、高橋進さんは好成績を上げた選手を三つのタイプに分類している。

ア．言うことをよく聞いたので成功した選手
イ．言うことを聞かないこともあったが成功した選手
ウ．言うことを聞こうとしなかったから成功した選手

君原選手は「ウ」のタイプだったという（『マラソンの青春』時事通信社．1975）。

Y先生は大別すれば、「ア」のタイプだろう。私の話をよく聞き、尊敬できる師を探し、書籍からもよく学び、授業改善に努めた。しかし、彼は「言うことを聞こうとしなかったから成功した選手」、すなわち「ウ」の性質を持ち合わせていた。

ある日、私のところにやってきて、「国語の研究会で学びたいことがある」と意思表明

をした。彼の表情から強い意志がわかった。

Y先生は現在、私の学校の研究部長である。自分の志すものがある彼は、組織目標を見つけることにも長けている。彼が構想した平成30年度の研究主題は、「子供の言葉が生きて働く問題解決学習」である。副題は、「国語と算数の教科横断の視点で」と続く。時代に惯れ合わず、時代の波をうまく捉えた研究主題である。

かくして、私はY先生と「国語×算数」の校内研究を共同プロデュースしていくことになった。校長である私のモチベーションまでも上手に上げている彼の提案は、算数研究から国語研究にコンバートした彼なりの恩返しだと感じている。

振り返って、私自身の転機は、教師になって8年目、平成元年版学習指導要領の改訂期の頃だった。当時、勤務校の八木義弘校長の計らいで様々な研究組織で算数やカリキュラムに関する研究に取り組むことができた。全国算数授業研会への参加も同時期である。自分で選択する、自分で決める、ということが、自分をつくることに繋がった。

現在は、初任研修から継続的な研修制度が整えられているだけでなく、すべての教員のキャリア全体を俯瞰して必要な資質や指標(註)も示されているが、それらが、教師が自ら学び続けるための動機付けに直結するものではないだろう。

個の趣向を大切にしつつ、組織に前向きの目標を示し、全体を牽引していくY先生の構想力、説明力、統率力。学び続ける教師が実力をつけていく姿を実感している。

(註)「公立の小学校等の校長及び教員としての資質の向上に関する指標の策定に関する指針」

07

心得13

この人のコミュニケーション能力を生かす

―一人では絶対に完成できない仕事を任せる―

柳瀬

平成23年からの2年間、新島小学校の校内研究会の講師に出かけた。調布飛行場から小型飛行機に乗り、大島の上空を越えると新島空港に着く。30分ほどの空の旅だ。飛行場には校長先生自らが軽自動車で出迎えてくれる。午前中は全学級の算数授業を見て、午後は研究会となる。子どもと創る楽しい算数を目指した研究授業は私自身も大いに学ばせてもらった。

研究会が終わっても校長室で話は続き、その話は先生たち馴染みのお店で夜遅くまで尽きることがなかった。毎回、最後まで付き合ってくれたのがI先生である。教員になって4年目の先生だった。

I先生は今年で教員経験10年目になる。出会ってから7年をかけて、昨年度、やっと私の学校に来てもらった。I先生は、初年度より特活主任として大きな役割を任せた。

2人で相談して次の目標を相談して設定した。

1．850人を超える児童を縦横に繋げて人間力を高める特別活動の計画・実践
2．コミュニティ・スクールとして地域の教育力を取り込んだ特別活動の充実
3．小中一貫校9年間で育てあげる特別活動から見た資質・能力の育成計画の作成

これだけの仕事をいきなりI先生に「任せる」という私のスタンスを決めたワンシーンがある。5年前にさかのぼる。

新島小学校から帰るとき、偶然にも同じ飛行機にI先生が乗っていたので、「時間があるなら私の学校の地域行事を見ていかないか」と誘った。学校に着くと体育館には地域関係者と卒業生の餅つき大会がすでに開催されていた。私は「ただいま。今、新島から帰ってきました。一緒に新島小の先生をおみやげに持ってきました!」と彼を紹介した。I先生は地域の人や子どもたちに誘われ餅つきをし、礼を述べて帰って行った。大らかな人柄、元気なコミュニケーション力、これは生かせる、と直感した。

本校のネームプレートの裏には、私が期待する教師像が「教師訓」として印刷されている。

高山小教師訓
子どもに慕われ
親に信じられ
仲間に頼られ
校長に任され
自分らしくあれ

職員室のI先生の机は私の目の前である。彼が、じっとこの文字を見つめて考えている姿を目にする。どの一行について考えているのか、つい尋ねたくなる瞬間だ。

08

心得 14

この人の実行力を生かす
―全国算数授業研究会東京大会開催の立役者―

柳瀬

先日、都内小学校の校内研究会に講師として出かけた。その学校の研究主任のH先生は8年前、私が校長として着任した学校で出会った仲である。当時、H先生は教師になって3年目、先輩教師に叱咤激励されながら分掌をこなし、いつも子どもや授業や学級のことで悩み、その気持ちを学級通信に綴っていた。

私が彼に興味をもったのは職員室の机の上に柴田義松の『ヴィゴツキー入門』や岡本夏木の『ことばと発達』などの書籍が積まれているのを見たときだ。「よい本を読んでいるね」と話しかけると、「積読です」と言う。「ツンドク？　何それ？」と返すと、「机の上に積んでいるだけで、いつ読むかわからない本という意味です」と感じよく笑った。

彼の本音を初めて聞いたのは酒の席だった。「子どもの概念形成と言語の役割に興味があります」と真面目に語った。正直、驚いた。そこで私は正木孝昌先生の本を紹介し、授業を見るように勧めた。彼は授業を見に行き、その後の懇親会で正木先生に南浦小学校の「算数研究同好会」の開催とその常任講師を取り付けた。翌月から本校を会場に2ヶ月に1回、午後5時からの同好会が始まり、2年間に渡り、毎回20名以上の参加者のある活気に満ちた会となった。

H先生の情熱と行動力を見ていた私は、翌年4月に教員経験4年目の彼を研究主任に正式に指名した。他に人がいなかったという消極的な理由ではない。彼が同好会をつくる際に語った「授業について語り合える仲間づくりをしたい。新しい知見を得ることが楽しいと思える研究をしたい」という強い思いが、指名した要因であった。そして、その思いを私もそのまま学校経営の中軸に据えてみたいと考えたからである。

それから2年後、参加者500名を超える「全国算数授業研究会東京大会」が本校で開催された。冬休みの初日、全教員が学校に参集し研究会の運営に協力した。H先生の「研究の同志」の思いが学校の中で結実した研究会だった。

「教師は人を育てるプロである」とよく耳にするが、これは正確に言えば違う。小学校や中学校の教師は「人を育てるプロ」ではなく、「子どもを育てるプロ」なのである。

たとえば、大人の学習特性として一般的なものをいくつか拾い上げてみよう。

①各自の体験によって知識やスキルの差が大きい
②自分にとって意味がありおもしろくないと学ばない
③対等な立場で責任を持たせ、何を学ぶかを自ら判断させていくことが重要である

これだけでも子どもを育てることと大人を育てることの前提が大きく異なっている。こうした大人の特性を視野に入れて私たちは教師の育成を考えているだろうか。子どもを教えた経験は頼りにならない。教師が身に付けるべき専門的な能力の大半は、学校現場でしか育てられない。だからこそ職場における若手教師の育成は重要だ。

09

心得15

自信のある教科で授業を語る

宮本

自分の実践が語れる教師になりたい。授業をぜひ見せてほしいと請われる教師になりたい。そんな目標を抱き続けてきた私がこれまでに心がけてきたことを三点挙げてみる。

1．自信のある教科の授業を公開する

私は初任の頃から算数教育を自身の研究の中心に据えようと思っていた。大学は教育学部の数学科だったし、初任で赴任した学校が熊本県下いや九州でも有数の算数教育の研究校だったからだ。今から三十数年前、まだ初任者研修もない時代、初任で赴任した小学校では週に月曜日と木曜日の二度の研究授業日が設定されていた。授業を語るにはやはり一番は生の授業を公開することだ。直接、授業における子どもの姿を見せることだと思う。そして、研究協議会、いわゆる授業研究会とセットで行うこと。授業を観ただけで終わったらその授業の価値は半減する。なぜその活動が必要だったのか、あの課題設定の意図は何か、など授業研究会等を通して明らかにすることが大事なのである。

2．自信のある授業から他の教科の授業を構想する

スクールリーダーの立ち位置になったら当然教育実習の役目も回ってくる。自信のある教科の授業だけでなく小学校であればすべての授業を教生には見せなければならない。だ

から日頃からの研鑽が大事である。そのためには教科教育は広く浅く学ぶより逆に狭く、深く学んだ方が後での転用が利くように思う。私は国語の授業を構想するときも発想的には得意とする算数や学級活動の授業が基本にある。課題をつくる際も子どもの活動を構想する際にも自信のある算数や学級活動と置き換えて考えるのである。もちろん、その教科独特の本質的なことはその教科の専門の先生に尋ねたり、参考図書を読んだりするが、授業づくりに関しては自信のある教科を持っていることは心強く感じる。

3. 自信のある教科で授業ビデオをつくる

学級担任を持っていた頃は、研究授業やかなり準備して臨む授業のときにはよくビデオを撮っていた。また時間的に余裕があるときには四苦八苦しながらも編集をし、いつでも公開できるようにしていた。当時はデジタルではないので拙い技術でVHSテープに編集し、講話の際にはよく持ち歩いていた。算数は飛び込みで授業ができても学級活動、特に内容（1）の授業は難しい。学級活動の授業をビデオに収めるには日頃からの積み重ねが必要だ。4、5月から学級の組織やシステムを整え、計画的に進めていかなければならない。私はビデオ収録の第一弾を6、7月には撮ると決め、子どもたちを指導し鍛えていた。子どもの自発的自治的な姿が収められているビデオでの説得力はかなりのものだったと思う。

10

心得16

研究授業に楽しく挑戦できる学校文化を創る

宮本

私の教師人生の3分の1に当たる12年間は研究主任を務めた。その間、いかに全教師に意欲的に研究に取り組ませ、意識を高く持たせ、研究授業に挑戦させるかが毎年の課題だった。研究主任として難しいのは、いかにみんなを巻き込んだ取り組みにし、それを学校文化といえるまでに高められるかである。どの学校に赴任しても研究自体を学校文化まで高めることは自分の使命だと思って挑戦してきた。

1．チーム学校・チーム学年で授業づくり

私の三十代、四十代の大半は大規模校での勤務。職員数も60人近くの学校ばかりで一学年の学級数は4から5といったところだった。なので、多くの行事は学年単位で行われる。研究授業もそうだ。研究発表会の年以外は、学年に一人がやればいい。だから希望者がいない学年は、大抵その役割は若手教師に回ってくる。私はもう少しチームで取り組めないかと考え、「事前授業→研究授業→事後授業」のセットでの研究授業の取り組みを提案した。本番前に他学級で事前授業を実施し、本番後に課題を修正した事後授業を実施するわけだ。そして、そのセットを○学年部の実践記録として指導案・授業記録に考察を加え残すようにした。この取り組みは3、4年ほど続いたが、私がその学校を離れたらこの取り

組みは自然に消えてしまったと聞いている。残念ながら学校文化にまでは高まらなかった。

2．続々と生まれる若手教師の勉強会

平成24年、熊本市教委は若手教師の授業力向上を目指し、指定都市の目玉事業として、教師塾「きらり」の構想に取り掛かった。これは私が1年がかりで企画立案し、実施までなんとか漕ぎつけた事業である。詳しい内容については熊本市教育センターのHPを参照いただくことにして、スタートして7年目の今、熊本市の至るところで塾生OB・OGが活躍しているのを見れば大成功の事業だと思う。成功の一事例として挙げれば、塾生OB・OGが勤務先の学校で立ちあげたミニ教師塾の存在。それぞれの学校にふさわしい名前をつけ、その学校のベテラン教師を師範に自主的勉強会を運営している。やらされるのではなく自ら取り組む勉強会。ベテラン教師を見つけては授業を観てもらう習慣ができつつあるようにも聞いている。嬉しいことに教師塾が学校文化になりつつあるのだ。熊本市教委では毎年教育論文を募集している。今から二十七、八年前、当時研究主任をしていた私は、自分一人で書いた30枚の原稿を個人論文としてではなく、学校論文として応募したことがある。学校論文としてみんなで書きたいとの提案に対し、一部職員の反対に遭い、仕方なくこのような手段を取ったのである。でも、これがきっかけとなり、この学校は今でも教育論文を出し続けている。まさに教育論文が学校文化になったわけである。

11

心得17

勤務校の学校課題が即答できる

宮本

学校の課題把握はスクールリーダーの一番の役目である。今、一番の学校課題は何か。常にアンテナを張り巡らし情報収集に努めている姿を見ると校長として頼もしくもあり、嬉しくもある。スクールリーダーがしっかりしている学校は常に機能しているのだ。

1．子どもや教職員の実態から課題を捉える

私は面談以外でも時折、教務主任や研究主任などの主任クラスの先生方に「今の一番の学校課題は何か」を尋ねる。もちろん、人それぞれに捉え方は違うし観点も違う。でも、それが意外とおもしろく私自身が全く気付いていない課題が浮き彫りにされることがある。大事なのは、子どもや教職員の動きや声など自分自身の目や耳を通して実態を捉えるということだ。人から聞くのも大事な情報には違いないが、先生方自身が目で見て肌で感じることが重要だ。登校の様子から始まり、普段の授業の様子、休み時間の様子、給食や掃除の様子など、学級ごと学年ごとに実態を捉えてほしい。もちろん、管理職である校長や教頭はそれ以上に実態を捉えておく必要があるが、学校の最前線にいるスクールリーダーには能動的な課題把握を期待しているのである。

2. 勤務校をよく知る先生方から情報を得る

スクールリーダーに求めたい能力にコミュニケーション力とマネジメント力がある。学校には6、7年勤務しているベテラン教師が必ずいる。この先生方との何気ない会話の中に捉えておきたい情報が潜んでいることがある。「以前はこの学校もね……」なんて会話から、ここ数年における勤務校の子どもや教職員の変遷に気付くことがある。その情報を分析し、いかに学校課題に置き換えるか。その作業がスクールリーダーには求められる。

3. 学校外から見た勤務校の情報を得る

意外と今の学校の現状を外から見た方がわかる場合がある。私が管理職になる前、教務主任や研究主任をしていたときには、主任会の会議や研修会などを通して情報をもらうことが多々あった。また、算数や特別活動の研究仲間からの情報も貴重だった。既に手をつけておかなければならない課題や取り組みなどの話をしていてドキッとしたことが幾度となくあったのだ。また他校の校内研などの講師としても頻繁に出かけていたので、そこからも貴重な情報をもらい、勤務校の学校運営に随分生かしていたことを思い出す。大事になってくるのは、この学校課題を校長・教頭はじめみんなのものにするということ。校長によってはそれを重要課題と認識していない校長もいるし、認識していても動こうとしない、いや残念だが動き方がわからない校長もいる。ジッと待っていては手遅れになることも多いのだ。

12

心得18

全職員を巻き込んだ学校課題の解決に取り組む

宮本

職員みんなが共有した学校課題に対し、どのように取り組ませ、どんな成果を挙げるか。校長としてはスクールリーダーの力を最も必要とするところである。

1．解決の手順を共有し、各自が進んで役割を果たす

適切に学校課題を解決するためには、全職員からアイデアをもらい、解決の方法を検討し、その手順や役割を共有しながら進めていかなければならない。

平成24年4月、熊本市で15年ぶりの分離新設校として田《た》迎西《むかえにし》小学校が開校し、私は初代校長として赴任した。新設校なので大小含めすべてが学校課題といっても過言ではない。すべてが一からのスタートだ。

学級編制や校務分掌を決めた後、次々にあがってくる学校課題に優先順位をつけながら解決の糸口を探っていく。職員の大半は新設校を希望してきたのだから意欲的な教職員集団であることは間違いない。誰かの指示を待つのではなく、自ら進んで、ときにはチームをつくり課題解決に挑んでくれた。この取り組みの中心にいるのが教務主任や生徒指導主任を中心とするスクールリーダーだ。学校のきまりや様々なルールづくりに関しても職員に提案する企画案としてまとめてくれた。また、大きな学校課題であった5月の開校式も

スクールリーダーらが教頭を補佐し各担当者が意欲的に考え、これでもかというほどアイデアを出し合い、最高の式典にしてくれたのである。

2．チーム学校の中心として学校課題解決に挑む

学校課題にもチームとして組織的に対応することが増えてきた。不登校児童への対応やいじめの対応など生徒指導に関する対応も、特別支援に関する対応にしても、いかにチームとして機能的にかつ効果的に対応するか。ここもコーディネートする各リーダーの力量が問われるところだ。今の私の勤務校は、明治42年に熊本県の教育刷新を目指したモデル校として創設された伝統ある小学校だ。校区は旧城下町ではなく明治になって新しくつくられた町。もちろん、他の学校同様、学校課題がないわけではない。この白川小学校の先生方も指示を待つまでもなく、先へ先へと動いてくれる。

平成30年10月には、小学校算数教育の全国大会を白川小で開催予定である。算数授業を通して子どもたちの学びに向かう、力強く豊かな姿をお見せできればと願っている。そのためには、今一度学校あげての研究体制の構築が求められる。特にスクールリーダーである研究主任には大いに期待している。研究部を必要に応じて、授業づくり部会・学習の基本部会・学習環境部会の三部会構成で活動する体制も模索中だ。白川小の学びの基本、学びの心の拠りどころとなる育てたい子ども像の共有化を少しでも急ぎたいと思っている。

13

心得 19

DOから始める

学校教育目標の具現化や研究の推進においてP（PLAN）D（DO）C（CHECK）A（ACTION）のサイクルが重視される（RVが加えられることもある）。多くの学校がこのことを意識して研究を進めている。これに異論を唱えるつもりはないが、P（計画する）に重きを置きすぎる傾向があるのではないかと感じることがある。

教育委員会事務局時代の学校訪問では必ず管理職や研究主任の先生から、研究の進捗状況についての説明を受ける時間が設けられていた。そこでは研究主題や研究仮説の設定理由、提案授業の実施等、取り組みの計画についての説明がメインとなる。そのため、質疑の時間にはつい意地悪く実践例などより具体的な内容について突っ込んだ質問をすることになる。すると、

「詳しい内容について研究部を中心に検討中であり、まだ十分なものになっていません」

といった回答が少なくなかった。この研究主任の先生は答えるべき内容を持ち合わせていなかったのではなく、まだ校内で十分に協議しておらず煮詰めていないという理由でそうした回答になったのではないかと思う。ここからも揺るぎない計画のもとで着実に研究を推進しようという学校の思いが見える。

土居

こうした状況になる背景には、学校での研究が1年をサイクルで行われていることにあるのではないか。4月に教育目標や研究の方向性を確認することからスタートし、各学年が提案授業を行いながら具現化して、その成果を三学期に研究集録にまとめるというPDCAサイクルが一般的な流れとなっている。だから一度、提案して学校全体が動き始めると年度途中ではなかなか修正できない実態があるのではないだろうか。取り組み内容を教員で十分吟味して計画することは大切だが、机上の議論だけで最善の方策を見つけることは容易ではない。そこに力を注ぎすぎて、計画ができたら一安心といった状況すら垣間見える。それならばまずやってみることの方が得策だと思う。たとえば「授業中の発言の仕方に関する系統表」を作成するのであれば、整ったものを仕上げてから実践するのではなく、どういうものを作成するのかという方向性だけを確認しておいてまず各学年で実践してみる。そしてその結果を集約する。中には発達段階が逆転している事例も出てくるかもしれないが、それをその都度修正していく。その方がより実践的な系統表ができるはずだ。

そのためにはもっと短期間でPDCAを回す必要がある。学期ごとに、場合によっては1ヶ月単位で研究内容を検証して変えていくことがあってもいい。学校における研究は、何よりまずやってみることが大切だと思う。PDCAの流れでいえばDOからスタートさせる。そして、その成果を実際の授業や子どもの姿から検証しながら少しずつ改善していく。この積み重ねがよりよい授業を追究することにつながるのではないだろうか。年度途中で変えることを恐れないことが肝心だ。

14

心得 20

少し背伸びした授業を目指す

土居

最近、研究主任レベルの複数の先生からこんな相談を受けた。

「本校では全学年が提案事業を行い、授業後の協議でも比較的活発な意見交換がなされているのですが、そのことが毎日の授業にうまく反映されていないのです」

研究主任として、提案授業での授業風景と日々の授業の姿のギャップをどのようにして埋めようかと悩んでいる様子が見て取れた。

各校にはそれぞれ個別の研究テーマがあり、目指す子どもの姿に迫るための授業のあり方についての研究が行われている。その一環として実施される提案授業は各学年が計画する。授業者が考えた指導案を叩き台として、本時の目標やめあて、発問等について事前に全教員で協議する。さらに別の学級で事前授業を行い、修正を加えたうえで当日を迎えることになる。研究主題に迫る授業を具現化するという意味では必要な手順であり、このことによって授業改善の方向性を共有することができる。しかし一方では、こうした授業は多くの時間と労力を費やしてつくり込まれたものであり、日々の授業との間に乖離があることは否定できない。前述の先生方はこれを埋めるための手立てを模索していた。

振り返ると、私自身も似た思いを抱いたことがあった。いろいろ試行錯誤したが、なかでも効果的だったのは全教員で授業実践記録を書くことだった。実践記録といっても毎日書くわけではない。日常の授業の中で、「この授業は手応えがあった」「この場面の子どもの姿は研究主題に迫るものだった」と感じた授業を記録していきましょうと働きかけた。そして市販されている実践本の授業風景の記載頁を出来上がりのイメージとしたＡ４版１枚のサンプル原稿を作成して提案した。Ｔ・Ｃ形式の授業記録でなく、授業中の各場面での子どもの反応に対する授業者の見取りや、思いを記載することで子どもの具体的な姿を通して授業を内省することを試みた。

特に強調したのは、ありのままの授業の姿を記述するのではなく、改善すべき点を加味した実践記録にしようということだった。こんな提案をしたのは、授業の反省ではとかくうまくいかなかった点の指摘はあっても、「こうすれば……」といった代案が明確に示されない傾向があるからだ。改善点とそこから想定される授業の姿を書き加えた「少し背伸びした実践記録」を残していこうと考えた。そこに描かれた授業のあり様は、明日少し工夫をすれば実現可能な目指す授業の姿だといえる。

授業者がある程度自信が持てた授業を客観的に振り返り、「少し背伸びした実践記録」にまとめる。そし次の日から、その姿を目指して授業改善を図る。こんなサイクルを繰り返すことが授業の質的な向上につながった。こうしてまとめられた実践記録集は記述の様式も年々進化しながら、１年間の実践が詰まった学校の貴重な財産となっていった。

15

心得 21

授業の変容を実感する

よりよい授業を追究し、授業を変えるという営みは一朝一夕にはなし得ない。日々の積み重ねが授業を変えていくわけだが、このことで忘れられない同僚の一言がある。

もう、かれこれ20年前のことになるが、当時私は学校現場で研究主任をしており、少し大袈裟ないい方をすれば、在籍校の授業改善に向けた研修体制の改革に取り組んでいた。1月だったと記憶しているが、校内研修の総括を行い、次年度への方針について話し合うための研究部会の日だった。年度当初に計画した提案授業を全学年で実施し、外部の授業協力者の先生方の力も借りて内容的にも充実したものになったという手応えを感じていた。研究主任として次年度も引き続き同じ方針で研究に取り組んでいくことを提案したところ、出された意見も、1年間の取り組みを評価するものが多く、話し合いは私の思惑どおりに進んでいた。協議も終盤に差しかかった頃、一人の先生が発言した。

「ところで、私たちの授業は変わったのかなあ?」

この言葉にはっとさせられた。1年間、校内研修の活性化に向けていろいろと提案し実行してきたが、その結果として「授業が変わったのか?」と真正面から尋ねられると「ここがこのように変わった」と明確に答えられない現実があり、誰もが口ごもった。部会自

土居

体は次年度の方針も承認されて終了したが、この指摘は胸に突き刺さったままだった。私の脳裏に校内研修を実施すること自体が目的化していたのではないかという思いがよぎったし、何より私も含めて先生方に授業が変わったという実感がないという点が問題だと思った。「何が足りなかったのか」と自問自答して辿り着いたのは、目標とするゴール地点は示していたが、そこに到着するまでの道標を明確にしていなかったということだった。

目指すべき授業や子どもの姿についての共通認識はできていたかもしれない。しかし、そこに到達するための具体的な手順、段階が示されなかったために、自分たちの立ち位置を認識することができず、授業の変容を自覚することができていないことに気がついた。

このことをきっかけに、日々の授業を振り返り、子どもたちの変容を見取るための手だてを模索することになった。「学習感想を活用した授業評価」や「少し背伸びした授業の実践記録」、職員会で授業中の素敵な子どもの姿を報告し合う取り組み等が生まれ、順次、実行していった。今、振り返ると研究部会での一言は先生方の授業に対する考え方が変わる契機となり、職員室では子どもの成長を語り合う先生方の姿が多く見られるようになった。授業研究にどこか消極的だった先輩の先生から、

「土居ちゃん、最近やっと授業が変わることの楽しさがわかってきたよ」

と声をかけられたのは、それから間もなくのことだった。「授業が変わりつつある」と実感できることが、授業改善の最も大きな原動力となることを教えられた。

16

心得 22

心地よい負荷をかける

土居

研究主任をはじめとするスクールリーダーには自校の課題を把握し、それを解決することが求められる。このときに注意しなければならないのは、新たなことに取り組むためにはそれなりの負荷がかかることを意識することだ。提案する側からすれば課題が明白で至極当然のことでも、受け止める側はそうとは限らない。多かれ少なかれ「なぜこんなことをしなければならないのか」という思いがあることを前提として提案する必要がある。「やらされる」という思いが払拭されなければ人は動かないし、どんなに優れた取り組みも有効に機能しない。以下、新たな提案をする際のポイントについて述べてみる。

1. 強みと弱みを知る

現状に満足している状態では、新たな取り組みの必要性を感じない。困り感があってはじめてそれをなんとか打開しようと考える。その意味ではまず自分の「強み」と「弱み」を自覚させることが大切だ。授業ビデオやアンケート結果などから導いた客観的な姿と自分のイメージしている姿とのギャップを明らかにしたうえで取り組みの必要性を訴える。

2. やってみせる

どんな提案でも具体的な取り組み方法については質問や疑問が出されることは避けられ

ない。そこで、まず自らやって見せて具体例を示しながら提案する。自分の授業や学級の子どもの姿を文書で報告しながら「このようにしてみませんか」と働きかける。この際に用いる報告の様式は、その後、他の教員が実践を報告する際のサンプル原稿の役割も果たすことになる。

3．途中経過を評価する

学校には様々なタイプの教員がいる。すぐに取り組む者もいればなかなか動きの見えない者もいる。そんなときは先行した教員の事例を取り上げることが効果的だ。板書の写真を撮影してよりよい板書の交流を行ったとき、職員室に早くできた順に掲示していった。すると自然に写真を中心とした会話に花が咲き、「こんなふうにまとめてみると新たな発見があったよ」というつぶやきが生まれて、それが他の教員の取り組みを後押しした。

4．取り組みの成果を共有する

新たなことに取り組んだときには、そのことでどんな成果があったのかを全員で共有することが重要で、定期的に取り組みを交流する場を設ける必要がある。校内で互いに評価し合うことも必要だが、そんなときこそ外部から講師を招いて、意図的に肯定的なコメントをしてもらう。外からの評価を加えることで実践の価値づけをする。

素晴らしい取り組みであっても、負荷がかかりすぎると「辛いだけの負荷」となってしまい歩みは止まってしまう。適度の負荷をかけながら、その成果を見せることで「心地よい負荷」とすることが実践を長続きさせるための秘訣である。

第3章

初任から3年目までの若手に贈る16のアドバイス

教師人生は初任の3年で決まるともいう。

では、若い教師は何をすればよいのか。

学級経営、授業の仕方、子どもとの接し方……。明日から使える、目からウロコのアイデアを紹介する。

01

心得23

クラスの子どもと最初の3日間で仲良くなるために野外活動のコーチの技術を学んでおこう

田中

1. 子どもたちに野外遊びのゲームを教える

授業がなかなか上達しないという悩みをよく聞く。どうすれば子どもたちと楽しく授業が展開できますかと真剣に相談してくる若い教師たちの熱意は素晴らしい。でも、すぐに上手な授業はできなくてもいい。まずは子どもたちと仲良くなろう。出会った初日に外に連れて行ってともかく遊んでみよう。そのとき、自分は子どもにとって魅力的な遊びをいくつ紹介できるだろうか。

案外、遊びを知らない大人になっていないか。これは反省した方がいい。困ったときは、野外活動の指導者たちが読んでいるゲームブックを頼ろう。子どもたちがあまり知らないようなゲームが楽しくていい。

2. ルールを伝えるって難しい

実は、こうした遊びのルールを伝えるだけでも、若い先生たちにはとても大変なのである。この大変さを早いうちに体験しよう。それがよい指導者となるための必要な体験である。外に出て遊ばせたらルールが伝わっていなくてすぐにケンカになったとか、散らばってしまって帰ってこなかったとか……。失敗談をたくさん聞く。最初は体育館ぐらいで遊ぶことから試してみよう。この先生、いろいろな遊びを知っているなあ、なんだか楽しそうだなあ、となること間違いない。

3．遊びの中で褒める姿を探す　指導が必要な場面を探す

さて、ゲームが進むようになったら、今度は一回遊ぶごとに子どもたちを育ててみよう。子どもは教師の的確な指示の回数分、ちゃんと育つから。

たとえば、仲間づくりのゲームをしたとしよう。

教師がたたいた手の数だけ友達を集める。最初は、自分のグループだけ人数が集まったらほっとして、まだグループがつくれない友達のことを気にかけない子がほとんどである。しかし、30人もいれば一人ぐらいは、他の友達は大丈夫かなと目で追う子が必ずいる。その子を探して褒める。

「いいなあ、今見てるとね。まだグループができない子を心配そうにずっと目で追っている人が2人いたんだよ。こんな友達がクラスにいると安心だね」と。

すると、2回目は多くの子が友達を気遣うようになる。これだけでクラスの雰囲気はぐんとよくなる。実名を出して褒めていい子たちかどうかは、担任の先生の敏感な判断力が必要になるので、これだけでも要注意。つまり単に褒めるというだけでも、教師はこのように気を遣うことが大切なのだ。

02

心得 24

一日一省の態度を育てる七つの指標

（柳瀬）

「七つの指標」をつくり若手教師に渡している。「一日一省」でよい。今日からやれること、昨日からできることである。それでも365日、積み上げていくことができれば、1年後にはきっと成長の実感に繋がるだろう。

1．子どもとともに精一杯生きよう

「真に子どもらしく子ども時代を過ごさないと本当の大人にはなれない」。教師も同じだ。本当の教師になるためには初めて出会った子どもに誠心誠意向き合い、精一杯かかわることである。

2．即決で褒めて長い目で見守ろう

子どもは「褒めて育てる」が原則。瞬時に見せたよい一面は、即決で褒めよう。多少、甘くてもいい。肝心なのはその後の行動を見守ることだ。「あれ、以前はできていたのにおかしいね」。この変化を問う一言が指導することのスタートになる。

3．スピードよりもタイミング

教育はタイミングだ。子どもに目を配るタイミング、声をかけるタイミング、手をかけるタイミング。子どもの行動をよく見て、行為の優先順位を選択することが大事だ。スピードより「タイミング」をつかめる教師にならないと、子どもは育たない。

4．クラスの衆知を生かそう

学級の子どもたちの声をよく聞こう。一人ひとりの異なる経験値や既知・未知が見えてくる。子どもたちが気付いていない一人ひとりの価値ある声を繋ぎ、学級文化を子どもとともに創り上げていく支援的な存在になろう。

5．孤立にならない自立を目指そう

一人前になりたいと思う心は大切だ。しかし、その気持ちが強すぎると孤立を招くときがある。孤立は、情報収集力を低下させる。それが子どもを育てるうえでどれだけマイナスとなるかを考えなければならない。

6．考え、行い、振り返ろう

孔子の弟子の曾子《そうし》は身を修めるために日々三省に努めたという。その中で特に心に留めたい事項がある。それは「自分でもよくわかっていないことを人に教えたりしなかったか」ということである。果たして今日はどうだったろうか。振り返ってみたい。

7．変化の時代にこそ過去を学ぼう

新しい学習指導要領による教育課程が始まる。変化の時期こそ過去を学ぶべきだ。過去を知らないと、現在の立ち位置が見えない。過去と現在の繋がりが見えなければ、未来を予測すること難しい。

03

心得 25

一学期にやっておきたい学級づくり三つの取り組み

宮本

初任から2校目の学校では研究主任を経験した。ちょうど学習指導要領の移行期のときで、学級会活動と学級指導が統合し学級活動という新しい領域が特別活動にできた頃である。そして、その学級活動の研究委嘱を熊本市教委より受けたのである。学級活動が学級づくりにかかるウエイトは大きく、次のような三つの取り組みが共通実践された。

1．学級目標をつくる

学級づくりを進めるうえで、子どもたちの活動の拠りどころとなるものがつくれないかということで生まれたのが学級目標だ。当時の紀要に学級目標は子どもたちの「こんな学級にしたい」という願いと教師の「こんな子どもたちに育ってほしい」という願いの統合から生まれることが望ましいと綴っている。そのためには教師が意図して一方的に学級目標を設定するとその意義も半減する。「みんなで考えた」「みんなで決めた」という集団を意識した活動の中で学級目標はその学級らしい独自の目標となる。当時の学級目標の一例を挙げておこう。「大きい心をもとう（強さとやさしさ）」【4年】、「伝説の5年3組日本一（幸せ・アイディア・友情）」【5年】、「6年4組友情ネットワーク・未来へ真一文字」【6年】

2．学級の旗（シンボルマーク）をつくる

みんなの創意のもとに学級目標が設定されたら、次は学級目標をシンボルマーク化し、学級の旗をつくる活動になる。学級目標を一番象徴するものという観点でシンボルマーク化を話し合う。この学級の旗づくりは単に旗をつくったという結果だけの問題ではない。みんなの知恵を結集し、あれやこれやと学級のことを考えながら話し合い、シンボルマークや旗をつくり出す過程にこそ意義がある。前述した「大きい心をもとう」の学級目標のシンボルマーク化では話し合いの結果、「太陽と象」に決まった。太陽は「みんなに光をくれるから」、象は「群れをつくって助け合う、大きく強い。他の動物を襲わない」などが理由に挙げられた。

3．学級の歌をつくる

学級目標、学級の旗ときたら次の活動は学級の歌づくりだ。ここでは、子どもの好きな歌というわけではなく、学級目標、シンボルマークを受けた内容が望ましい。中学年レベルだと替え歌が多いが、高学年になると子どもたちで自作する学級も出てくる。つくり方は様々であり、音楽係に任せるやり方もあればみんなで曲決めをし、歌詞を募集するやり方もある。いずれにしても子どもたちが「この歌は僕たちの学級の歌だ」と胸を張って言えるような主体的活動を保障した作成法が大切である。

04

心得 26

子どもが成長するための学級づくり三つの視点

宮本

前項した学級活動の研究では、成果として次のような公式（?）を提案したことがある。

$y=(a+b+c)x$

当時の雑誌原稿には、変数 y は子どもの主体的活動力、変数 x を教師の支援的活動とし、定数 a を学級目標、定数 b をシステム、定数 c を魅力的なイベントとしている。この公式を提案したのは20年以上も前のことだが、私の中にはいまだに生きているし、実際に活用している。新設校の校長として学校を立ち上げた際にも有効だった。

1. 目標設定

何をするにしても目標が必要である。学級を成長させるにしてもまず目標が必要だと思い、子どもと教師が学級活動を通して創る「学級目標」を設定した。新設校を立ち上げた際にも教職員みんなで校訓と学校教育目標を創った。学校教育目標はその時代に応じて文言は多少変化するだろうが、校訓は永久に不滅だ。そんな思いで「まごころをつくし、清らかに、伸びやかに、健やかに」と柔らかい言葉にした。これが何か事を起こすときの心の拠りどころになるのだ。

2. システムづくり

システムといったら何か硬い感じがするが、システムづくりと子どもの主体的活動は表裏一体だ。学級活動を円滑に行ううえでのシステムは教師の一方的な押しつけではいけない。子どもの中に「先生とともに自分たちが創り出したシステムだ」という意識や、「システムは改善し続けるものである」という意識が必要である。これらの意識を大事にしながらシステムづくりを進める。学級会を開くためのシステム、問題発見のシステム、係活動や当番活動なども含め、子どもが主体的に活動できるためのシステムを6月までにはある程度機能するようにしておきたいものだ。システムがしっかりしていればこそ子どもの自主的な部分が明らかになり、子どももより主体的に活動できるのだ。

3. 魅力的なイベントづくり

目標を決め、システムが整ったら、それで終わりではない。子どもたちの主体性が飛躍的に伸びるにはイベントが大切だ。子どもたちは行事等を通すことによって団結力が強まる。運動会における競技（長縄跳びや30人31脚など）の練習、音楽会での演奏や歌の練習など。または学級の話し合いを通してできたイベントなど子どもたちが自信を深める場がいろいろある。事実、あまりまとまりのなかった学級が長縄跳びや音楽会での演奏を通して団結力が強まったといった経験を持っている。

05

心得 27

毎朝の子どもたちとの雑談を楽しもう

田中

1. 朝から先生のまわりに集まってくれる子どもたちと、どんな話をしてますか

忙しいときほど、子どもたちは教師にじゃれつくもの。

え？　じゃれつかれたことがない??

うーむ、最近は妙に学習規律とか、姿勢とか、厳しいところがあるからなあ。そんな学校に赴任したときは、まあ仕方ないと思うか、逆に崩れないからラッキーと思うか。

でも、力で抑えていた子どもたちはいつか爆発するから、私は見た目ばかり気にすることは本当はよいことではないと思うけど。

さて、そんな厳しい雰囲気の学校でも子どもたちと対話するチャンスはたくさんあるはず。たとえば、朝の教卓のまわり。教師が仕事をしていると登校してきた子が「先生、何してるの」なんて近寄ってくるだろう。もしも近寄ってこないようなら、まずはそんな空気をつくることから始めよう。子どもと自然な会話ができないようでは、授業なんてできるはずがないから。

2. 朝の教卓のまわりの雑談　全員が参加してる？

実は、この朝の雑談でさえ、集まった5、6人の子どもたちが全員参加しているかとい

うとそうではない。誰かおしゃべりな子に占領されて、あとはそれを聞いて頷いたり、笑ったりしているだけの子がいないか。

もちろん、それも楽しいのだけど、せっかくだから、この場で対話の授業の練習してみるのである。たとえばA君のお話を聞きながら、頷いていたB君に話をふってみる。「へー、おもしろいね。頷いているけどB君もそんなことがあったの」というようにである。指名されると「え？」という顔をするけど、話し始める子もいる。

なるほど、この子は自分から手を挙げないけどチャンスがあれば話せるんだなというように子ども観察がちゃんとできる。指名すると恥ずかしそうに逃げる子も中にはいる。そうか、この子は複数の友達がいる場だと難しいんだな。それなら明日一人のときに話しかけてみよう。こんなふうに子どもたちのことを知るために朝の雑談を使うのである。

一日に3人ずつ観察するだけで10日もあれば、子どもたちのことがよくわかるようになる。いや、授業でたくさん話す子、活発で休み時間もよく話す子はこの際、置いといて、なかなかお話ししない子などに焦点を当ててためしてみると、実は5日ぐらいで子どもたちの第一観察が終了する。毎日の小さな隙間時間を大切に使うといい。

子どもたちの世界が急によく見えるようになるから。

06

心得 28

子どもの様相を捉える力を育てる

柳瀬

授業中の子どもの活動を漫然と見ていて、授業の出来事を話題にできない若い先生がいる。このことが気になり次のような研修を行った。

5人の若手教師に、子どもの授業中の表情の写真を2枚見せる。

私が「さて、子どもたちが学んでいる教科はなんでしょう?」と問う。

自由に声をあげる。

先生Ⓐ「国語です」

先生Ⓑ「え？　どうして」

先生Ⓐ「朗読しているから」

先生Ⓒ「いや、算数の問題だって読むよ」

先生Ⓑ「え？　算数の問題って声に出して読む？」

と、こんな感じの会話が展開される。

次いで、3枚の写真を見せて、「では、授業のどのような場面かな？」と問う。

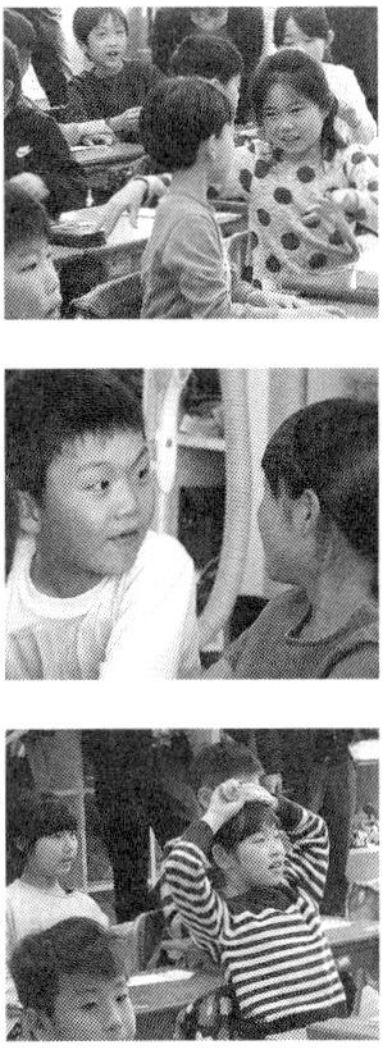

言葉が慎重になる。

「この子は、問いが発生した瞬間のような表情です」

「この子は、友達の話に共感しているようです」

「この子は、何か納得のいかない状態になっているように思います」

それぞれ子どもの思考の様相を分析的に考えながらの発言である。

最後に私が、「今日一日の自分の授業で、子どもがいい表情になったな、と思い出す場面を話せる人はいるかな？」と聞く。

これを語るには、授業を分析的に話していく力が必要である。それは教育論文を書く力にも似ている。まずは、子どもの表情から思考や心情の様相を読み取る力を持った若手教師を育てたい。

07

心得 29

子どもの「成長」を見取る目を持つ

土居

子どもたちの様子を眺めていると、ふと「この子、成長したなあ」と感じることがある。4月当初はなかなか授業に集中できず、いつも手遊びをして、ときには立ち歩きをしていたのに、今日はしっかり授業に集中して黒板に向かっている。いつも何か不安そうで、話しかけるとおどおどしていたのに、今ははっきりと応対するようになった。ちょっとしたことでイライラしてすぐに友達とトラブルを起こしていたのに、しっかり自重することができるようになった。どんなことがあっても頑として自分の非を認めなかったのに、素直に反省できるようになった。こんな姿に遭遇するたびに嬉しくなって一人でほくそ笑んでいる。しかし一方で、こうした成長の足跡を、当該の子どもに実感させられているだろうかという思いが湧いてくる。

前述した「授業に集中する」「話しかけられたら応対する」「友達と仲良くする」「反省できる」というのは、ある意味できて当たり前のことだといえる。それだけに若い先生方には、ただ、他の子どもと同じようにできるようになっただけと捉えられることも少なくない。これらの子どもたちは大抵が普段、認められることが少なく、いろいろな場面で注意されることが多い子どもたちであり、そのことが自己肯定感の低下につながっていることもある。だからこそ、こうしたちょっとした成長を認めて評価することで自信につなげていく必要があるが、実際はそうなっていない。学級や集団の中で、まわりの子どもと比べて評価するのではなく、その子の「昨日と今日」「今日と明日」を比べてその成長を見取り、それを子どもが自覚できるように返していくことが新たな成長を引き出すことを大切にしたい。

授業での子どもの活動についても同じことがいえる。みんなの前で発表することが苦手だった子どもがはじめて発言した。友達の考えを受けて、それに絡めて発言している。こんな一歩前に進んだ子どもたちの姿が、案外見過ごされていないだろうか。子どもが変わった瞬間に、そのタイミングを逃さずに評価しなければその場限りの活動となって定着しない。子どもの小さな変化・成長を見逃さない目を持つことが求められる。

さらに、何が成長したのかを伝えるための表現の仕方を工夫する必要もある。往々にして「うまくできたね」「工夫しているね」で終わってしまうが、これだけではどこがよかったのかがわからない。「場面を図に表したところが…」「友達の考えにつなげたところが…」など、具体的に評価することが大切だ。こうした教師の姿勢は、その子に対する「直接的な指導」になるだけではなくまわりの子どもに対する「間接的な指導」の役割を果たすことにもなる。10回「図をかいて考えましょう」と指示するより「◯◯さんは図をかいて考えているよ」と評価する方がはるかに子どもたちを動かすことができる。それだけに子どもの小さな成長を見逃さずに見取ることができる確かな目を持つことが重要だ。

08

心得 30

任せる
―成功は本人の手柄、失敗はまわりのサポート不足―

土居

若手の成長を何よりも後押しするのは「経験すること」だと考えている。これからの大量退職の時代を踏まえて、できるだけ早い時期から、より多くの仕事や立場を経験させることが若手育成の近道だが、ただ任せるだけでは成長につながる成功体験にはならない。私たちの年代は採用された時期が丁度、教員の世代交代の時期であったために若い頃から学校や研究団体の様々な役職に就くことになった。先輩の「これからは君らの時代だから、思い切ってやりなさい」との言葉に乗せられ、若さに任せて引き受けたが、今、振り返ると冷や汗が出ることもたくさんある。

高知市算数研究会の研究部長時代、全市的に開催される研究会の提案授業で、いつもは指導助言をしていただいているベテランの先生方に各学年の授業者をお願いし、三十代前半の自分たちがその助言者を務めるという、先輩方には大変失礼な企画を提案した。毎年同じように開催されマンネリ化している研究会になんとか変化をもたらしたいという思いから考えたものだった。簡単に却下されると思っていたが、役員会では予想に反してすんなり承認されてしまった。研究会を活性化させたいという思いを認めてくれたこともあるが、先輩の先生方が、「自分たちの助言をする以上は、その役割を果たすべくしっかり教材研究をしろ」というエールを込めて、広い度量で受け止めてくれた結果だった。研修会当日は、各学年とも授業者以上に助言者が緊張していたことはいうまでもない。この件に限らず私たちが提案することは、注意すべきことは指摘したうえでほぼどんなことでも了承してくれた。そんな先輩方の後押しがあったからこそなんとか重責を担うことができたわけだが、そうした経験から若手に経験を積ませる際の三つのポイントを述べてみる。

1．前任者が元気なうちに若手に引き継ぐ

どんなに順調にいっていても、いつまでもその担当を続けることはできない。必ずいつかは誰かに引き継ぐ必要がある。だからどのタイミングで交代するかが重要だ。前任者が後任の仕事を補佐できる状態で交代すれば、若手も安心して受け継ぐことができる。

2．任せた以上は、よほどのことがない限り若手の意見を尊重する

若手に引き継いだとき、どうしても一言、口を挟みたくなるが、そのときにじっと我慢する。「こうしてみたい」という思いを受け止めて見守りつつ、どうしてもという場合にのみアドバイスするという姿勢が肝心だ。

3．成功は本人の手柄、失敗はまわりのサポート不足

順調に仕事を終えたり、成果をあげた場合には、任せた担当者の手柄として評価し、逆にうまくいかなかった場合は、任せた側のサポート不足と捉えることが重要である。そうすることが逆に失敗した原因を自ら考えさせることにつながる。

09

心得 31

仕事を溜めないために、この仕事が本当に子どものためになっているか見つめ直す

田中

1. ドリルやノートの丸つけ、苦労しているけれど……

休日前になると、たくさんカバンにノートやドリルを詰め込んで帰っていく同僚の姿を多く見かけないだろうか。

休日前？　いやいやもしかしたら、それが毎日だという先生もいるのかもしれない。

だが、よく考えてみよう。せっせと頑張って書き込んだ赤ペン、丸つけ、果たして子どもたちは返却したときにじっくりと見てくれているのだろうか。昨日の私のあの長時間の苦労が、本当に役に立っているのだろうかと。

もしかしたら、子どもたちが受け取っても、ほとんど見ないでそのまますぐにランドセルや引き出しにしまっていたとしたら……。

これでは、意味がない。なんとかしよう。

2. 大切なことは何か

そもそもドリルやノートの丸つけはなんのためにしているのか。それは子どもたちの学力を上げるためである。そのためには、本当は子どもたちが自分のしたことについて、進んで評価しようとする姿こそが大切なのではないだろうか。

新学習指導要領が「振り返り」を大切にするのも、そのためである。子ども自身がその場ですぐに自己採点することが真の意味での学びになっていると考えたら、ここは改革が必要。

せっせと教師がしてきた丸つけを子どもたちに返すことを考えよう。

3．答え合わせの仕方だけで45分の授業をする

では、今までなぜ子どもたちに自己採点させることを怖がってきたのか。子どもたちがいい加減に採点してしまうと思っているからではないだろうか。そこで、自己採点することのよさ、注意点について授業を行うことにする。

採点の仕方によってはまったく学力向上につながらないことがあることを、じっくりと45分かけて子どもたちと対話しながら納得させていこう。特に間違えていたものについての扱いはベテランの教師でも役に立たない処理の仕方をしていることがあるから、要注意である。これについては次項で詳しく紹介する。

4．保護者に意図を理解してもらおう

さて、3．で授業した大切なこと、なぜ自己採点するのかについて、ぜひ保護者にも学級通信などを通して理解してもらおう。親の価値観の改革も大きなポイントだから。

10

心得32

間違えたところを赤ペンで修正？それって本当に効果がありますか？？

田中

1．いつも「本当に役に立っているか」と考えること

小学生に限らず、大人も大学生も、自己採点すると、間違えたところに自ら赤ペンで正しい答えを書き込むという方法を使っているのではないだろうか。だから小学生がしていても不思議はない。しかし、よく考えてみよう。赤ペンで正解を書き込んだ子どもたちが、次に同じ問題をしたときにできるようになっているだろうか。多くの場合、そうとは言えない。これに限らず、他の仕事のときも、当たり前のように行っていることに本当に意味があるのか、有効なのかと疑ってみることから始めてみよう。

慣例で行っているけど、実は効果があまりない取り組みがたくさんあることに気がつく。働き方改革はこうした視点で若いときから行ってみるといい。

では、どうするか。

私は子どもたちに、間違えたところをチェックさせても、正解は書き込ませないようにしている。そしてその問題だけをもう一度できるようにノートに書いておく。問題の文章が長くないならば、問題そのものを書き写させてもいい。その後でまずは自分で解いてみる。前回の間違いは見えているので、その間違いにならないようにと気をつけることがで

きる。単なる計算間違い、単位のミスなどはこれで防げる。二度目に自分の力で解ける問題と、やはり困る問題が区別される。本質的な間違いとうっかりミスが区別できるだけでも子どもにとっては大きい前進である。

2．答え合わせの前に　少しドキドキ

見直しや、振り返りで少し緊張させるために答え合わせの前に一人で振り返りをさせてみよう。自信があるものに○、間違っているかもしれないものに×をつけるのである。

そして、この予想がすべて合っていたらポイントをあげることにする。子どもたちがドキドキしながら振り返りをする。こうしたちょっとした工夫でいい加減な見直しはしなくなると思うがいかがだろうか。学ぶということは、わかることとわからないことの境界線を探り続ける活動だと私は思っている。間違っていると思っていたものが、偶然正解になるのもだめだと教えておこう。

3．他の仕事も、同じ視点で見つめ直すと無駄がなくなる

教師は、毎年同じルーチンで仕事をしているので、次第に考えることをしなくなると厳しいことを一般社会からいわれている。でもその指摘には、たしかにそうだといえることも少なくない。若いということは、逆に発想が柔軟で豊かということかもしれない。過去の慣習にとらわれず、自分なりの働き方改革を楽しんでみてはどうか。

11 心得33 行為の意味を考える力を育てる

柳瀬

教師の立ち振る舞いは子どもにとっての環境であり、教師は自分の行為の意味を深く考え行動する態度を育てたい。

ある日、マスクをして授業をしている若い先生がいた。教師の表情が見えない授業、目だけがギョロギョロと動いている。なんとも不気味な感じがするのは私の偏見だろうか。体調を崩しているのか、とやんわり尋ねると、「健康管理のためです」と言う。「それはいかがなものだろうか」と諭すこともできるが、少し遠回りに指導をすることにした。

放課後、若手教師を3人ほど校長室のソファーに座らせ、ゆっくりと話を始めた。

「私が教師に成り立ての頃、面授《めんじゅ》という言葉をある先輩教師から聞かされました。『面授』とは聞きなれない言葉ですが『文章などで広く教えるものではない重要な教えを、師から弟子へと直接伝授すること』という仏教用語です。先輩はこれを教育に置き換え、『教育は、人と人が向き合って、表情や身振りを加えながら、教え伝えるもの』という教育論を話したのです。

最近、その『面授』について改めて考えさせられる記事を読みました。それは、京都大学の明和政子准教授（当時）が発表した『人間の赤ちゃんは、他者の表情を見ながら人の行為を理解し、物事を学んでいく』という研究成果です。教授のチームは、女性がペットボトルに入ったジュースをコップに注ぐ動画を、乳児とチンパンジーとに見せて視線の動きを調べたところ、乳児が女性の顔を長時間見ていたのに対し、チンパンジーの視線はペットボトルなどの物に集中し、ほとんど顔は見なかったということです。このことから、『人間の赤ちゃんは顔を一生懸命見て、心の状態を読み取ろうとする。それは行為の表面的な部分だけではなく、心の状態と照らし合わせ、次の展開を予測するように発達していく』と論究しています。そして、この研究結果は、教育の基本・原点は『人』による面授、ということを明言しています。皆さんは、表情豊かに授業をしていますか。いい表情で子どもの前に立っていますか」

早速、マスクをして授業をしていた本人が気付いた。

「子どもにとって教師の表情が見えないということは、私の心の状態が見えないことで、それは子どもに不安感を与えることになるのだと思いました。気を付けます」

新たな気付きもあった。

「子どもの視力への配慮が必要であると考えました。私も視力が悪く5メートルくらい離れた人の表情が読み取れません。表情から感情を読み取ることができません。健康診断の結果を生かし、子どもがきちんと見えているかを確認します」

遠回りな指導だったが、素直な反省、新たな視点の発見、みんなが行為の意味を考えた貴重な時間となった。

12 心得34

子どもを生かし貴く発見する力を育てる

柳瀬

教師として、一番大切なことは、「子どもに向き合う」ということである。若い先生には、とことん考えてほしいことである。しかし、経験や感性によっては、「子どもと向き合う」という意味は真に伝わりにくい。5人の若手教師に、次の短い一文を配布した。

過日、山下君の算術教授を見ました。分数を教えておりました。フトある一生徒が「先生、一と二の間には、数が沢山あるのですね」という。山下君は教壇から飛んで行って、その一児を抱きしめて、「お前にはどうして、そんなことが分かったんだ！」と感謝をしておられました。神の前に敬虔で、真理に忠実な君にしてはじめて可能であって、この一児の幸福と同時に君の心の喜びを私も心から喜びました。本当にわれわれは子供を深く生かし貴く発見の出来るように、深い知識と敏感なる児童観を有してほしいことです。

（小原國芳著『全人教育論』から）

この研修のテーマは、この文中にある「子供を深く生かし貴く発見の出来るように、深い知識と敏感なる児童観を有」するとはどういうことなのか、について意見交換を通じて、

「教師が感動する瞬間」を共感することにある。

一人の教師が、まず事実を捉えた。

「子どもの発見を抱きしめるほど喜んでいる先生が素敵です」

「子どもに感謝、という表現にはっとした」

それから、徐々に本質に迫る。

「自分だったら、一と二の間に無数の数がある、と言われてもなんのことだかわからない。子どもの言っていることがわからなければ、本気で感動できない」

「子どもを生かす、ということは、教師が深い知識を持つこと。それには教材研究をしなくてはならない」

「貫く発見する、という意味がわからない。授業を通して考えてみたい」

等々、であった。若い先生の子どもへの真っ直ぐな思いが発揮できる学校でありたい。

素直に語ることができた時間はとても充実した気持ちになる。素直にものを捉えるということは、自分の目で、自分の感性で真っ直ぐに物事を見ることだ。だから、自ら対象に働きかけていく、疑問を曖昧のままにしておかない、そういう積極的な自分がいないところに素直さはないだろう。

学校という職場は、大人が素直にものを捉え、考え、発言できる場所でありたい。そういう職場は、教室の子どもたちも素直にものを捉えて発言している活気のある学校に違いない。

13

心得35

意図せぬ子どもの反応をチャンスと考える

土居

　授業では、授業者の意図とは全く異なる反応が返ってくることが少なくない。学習内容とはかけ離れた生活経験をもとにして話しはじめたり、友達の意見そっちのけで自分の考えを述べたりすることがある。とかくこれらの反応は厄介者扱いされ、研究授業の事前検討では、こんな反応が出ないようにして、指導案通りの流れにするにはどうすればよいかといったことが議論されることもある。特に経験の少ない若い先生方は、授業の収拾がつかなくなることを恐れて、授業のねらいに即さない子どもの反応を遮ることが多い。たしかに学習の流れから外れた反応を排除すれば授業は思い通りに流れるかもしれない。しかしこうしたことを繰り返していると、子どもは先生の求めている答えを探るようになってしまい、授業が硬直するというジレンマが生じる。この状況を改善する鍵は、意図せぬ子どもの反応の捉え方を変えることにある。

　4年生の「四捨五入」の導入場面、16642人はおよそ何万人かという場面で、千の位の5の扱いが議論となった。ここでM男がこんなことを言い出した。

「5は丁度、真ん中の数だから千の位は引き分け。だから次の百の位で決めればいい」

　本時のねらいからすると突拍子もない考え方だが、なんとなく学級全体が納得して「それでいい」という雰囲気になってしまった。授業者の私はこの後どうなるだろうかとはらはらしていたが、子どもの思考の流れにゆだねることにした。すると、

「もし百の位も、十に位も、一の位も5ならどうするの?」

という意見が出された。そこから「5は本当に真ん中の数か」ということが議論となって、授業のねらいに即した流れに戻ってきた。この場面でM男の発言につき合ったのには二つの理由があった。一つ目は「5は真ん中」という発言に、彼なりの論理が読み取れたことだ。M男は、0の存在を忘れてはいるが1から9の九つの数の中で5は真ん中にあるから引き分けだと彼なりの論理をきちんと説明していた。二つ目は授業のねらいから外れてはいるが、子どもたちが問題の解決に向けて力強く動こうとしていたからだ。四捨五入の考え方につながるものではなかったが、真剣になんとか「何万人になるか」を考えようとしていた。だから子どもの思考にゆだねてみようと決断した。その結果子どもたちが自ら軌道を修正して本来の流れに戻ることができた。

　授業者や大人から見ると「どうしてそうなるの?」と首をかしげるような反応にも、必ずその子なりの論理がそこに存在する。また、意図せぬ方向だったとしても子どもが動いているということは、子どもの中に問題解決に向けたエネルギーが満ちているということだ。そう考えれば意図しない子どもの反応が出てくることは、授業の流れが妨げられるピンチではなく、深い学びにつながるチャンスだと捉えることができる。

14

心得36

授業に対する子どもの本音を読み取る

土居

忘れられない学習感想がある。

「今日は円の面積の簡単な求め方を考えるはずだったのに、辺の長さははっきりしないし、式も複雑でごちゃごちゃになって、よけいにわからなくなった。先生の教え方が悪い」

これはY子が円の面積の授業後に書いた学習感想だ。授業の詳細は省略するが、半径10cmの円の面積は一辺17cmの正方形の面積より大きく、一辺18cmの正方形の面積より小さいことを確認したうえで、既習の面積公式を使って円の面積をできるだけ正確に求めるという学習だった。円の中に正多角形をかき、正18角形、正36角形……と角数を増やしていけば円の面積に近づいていくことを確認したうえで、もし正３１４角形があればと考えて円の面積を求めようとした。授業を終えてなんとか円の面積公式は導き出せたことに少し満足する一方で、子どもの考えをうまく整理しきれなかったと反省していただけに、この学習感想は核心をついたものであり、胸に突き刺さった。

翌日この学習感想を紹介したところ、同じような思いを抱いていた子どもがたくさんいたのでもう一度授業を整理し直すことになり、Y子を含めて子どもたちの不満を解消することができた。彼女が授業に対する思いをストレートにぶつけてくれたことに感謝するとともに、何より子どもの本音を読み取ることが授業改善の近道だということを実感した出来事だった。とはいうものの、日常生活では感じたままに喜怒哀楽を表現する子どもたちも、授業中や教師と応対する場面ではいつも本音を語っているわけではない。

ある授業評価に関する調査の際に6年生のK男は、私の方を見ながら半分冗談めかしてこんなことをつぶやいた。

「3（あまりよくない評価）にしたら先生が悲しむから1（よい評価）にしようかな」

日頃からユーモアと茶目っ気たっぷりのY男らしいなと思いながら、

「そんなことは気にせず、感じたままを答えたらいいよ」

とやり返した。子どもたちが様々なことを考えながら回答していることが見て取れる。だからといって、授業評価に用いられるこうした調査の有効性に疑問を投げかけているわけではない。授業改善のPDCAにおいては、これらの調査結果は学級や学校全体の傾向を示すものであり、貴重な資料となり得るものである。しかし、先の学習感想の場合も含めて子どもは私たち大人が考えている以上にいろいろなことに気を配りながら反応していることを知っておく必要がある。ときには、どう反応すれば先生が喜んでくれるかを考えてこちらの思いにおつきあいしていることすらある。大切なことは、私たちが目に見える結果や姿だけに目を奪われることなく、授業に対する子どもの本音を読み取ろうとする姿勢を持って子どもと向き合うことだ。

15

心得37

研究授業に楽しく挑戦するための三つのアプローチ

宮本

教師に成り立ての頃はやるべきことが山ほどある。その中でも一番にやるべきことは〝授業〟だ。子どもにとって楽しく、おもしろく、よくわかる授業にするためにはどうすればよいか。まずはそこだ。そのためには研究授業は避けては通れない修行の場である。

1．校内研修を始めとするＯＪＴ研修で授業力を高める

赴任した学校の校内研修に重きを置かせる。そこが一番の学びの場だ。自分にとっても校内研究のテーマが一番身近なテーマのはずだからそのテーマ追究のための研究授業には率先して挑んでほしい。希望しても精々1年に1、2回の割り当てだろうが、まずはその授業に全力で取り組む。小学校なら少々自分の不得意な教科であっても楽しく挑戦する姿勢が大事である。同学年の先生方をはじめ、必ず相談に乗ってくれる先生方がいる。多くの先生方と人間関係を深めるチャンスでもある。「じゃあ、まずは私のクラスでやってみたら？」と事前授業を進めてくださる場面も出てくる。これをきっかけに「〇〇先生、今度ぼくの社会の授業も観ていただけませんか？」なんて厚かましく頼める関係にもなれる。若いときは失敗を恐れたら魅力は半減する。挑戦あるのみだ。

2．初任者研修をはじめとするＯｆｆＪＴ研修で授業力を高める

初任者には1年間の研修が義務づけられている。その中で年間最低でも3、4回は研究授業に挑戦する機会が与えられるはず。自治体によって違うが、道徳の授業は必ず1回、国語か算数の授業も必ず1回といったようにいろんな教科の授業に取り組まなければならない。これを苦痛に感じるようだとせっかくの伸びるチャンスを失ってしまう。研究授業は授業者の心がけ次第、気持ち次第で飛躍的に力を伸ばすチャンスにもピンチにもなるのだ。私もついこの前まで熊本市教育センター所長だったので、若手教師の取り組みの様子を直に見てきた。助言する指導主事の言葉を真摯に受け止めながら、納得いくまで追究している若手教師の姿を見ていると思わず嬉しくなる。

3．自主研修で授業力を高める

初任2年目、3年目の教師にもＯｆｆＪＴ研修はあるものの、その多くは希望研修になっていく。研修が少なくなることにホッとしてはいけない。研修が少なくなった分、自ら自主研修の場を増やしていくべきだ。市町村ごとに教科等の研究会があるだろうから、まずはそこに所属して研修の場を得る働きかけが必要だろう。しばらくすると教科等の県大会や地区研修会等での公開授業や発表のチャンスがやってくるはず。そのチャンスを逃さず積極的に名乗りをあげる。その意欲的な姿勢にチャンスは自ずと巡ってくる。

16

心得38

自分に合った教科等研究会を見つけるための三つのアプローチ

宮本

熊本市教育センター所長時代、よく若手教師には何か一つ、自分が研究を深めたい教科を見つけるようにと語ってきた。

1. 自分の免許取得教科を磨く

小学校の先生でも教科の免許をお持ちの先生がいる。まずはその教科が第一候補になるはずだ。私の場合も免許教科は数学だったので、教科等研究会は迷わず算数にした。体育科の先生は小学校でもほとんどが体育の研究会に入る。しかし、免許教科が数学の人でも小学校では別な教科を研究している人も結構いる。きっかけは人それぞれ。大学での免許教科は多分自分の好きな教科か得意とする教科だったと思うが、教師になり子どもに教えたい教科、研究したい教科は変わってきても不思議ではない。そうはいっても将来中学校への転勤を希望しているなら免許取得教科の研究が先にはつながるが……。私も4、5年小学校を経験したら中学校へ転勤希望を出そうと思っていたので躊躇なく初任時代は算数を研究教科にした。

2. 校内研究との出会いで決まる

私の数学科の仲間にも道徳を研究している人、特別活動を研究している人など免許教科と違っている先生もかなりいる。きっかけは、初任の学校の校内研究だったという話をよく聞く。私の場合もこのパターン。前述したように、歴史ある算数教育研究校だったので考える余地はなかった。今思えば本当にありがたい仕組まれた出会いだったのかもしれない。

校内研究の強みは仲間がいることだ。研究も加速度的に進む。最新の研究情報も手に入る。公的に先進の研究視察もできる。逆に弱みは、学校が替われば研究教科は継続しないことも大いに予想されるということだろう。

3. 先輩教師や同僚の教師からの影響を受ける

仲のよい先輩教師や同僚の教師の影響を受けることも少なくない。若い頃は音楽サークルや体育研究会に誘われたりしたし、好奇心から参加もした。初任のときの校長先生からは特別活動をご指導いただいた。学級会の進め方、児童会活動の進め方など具体的に教えていただいた。初任3年目、郡市の特別活動研究会の事務局長に抜擢され、初任4年目、特別活動の個人論文で特選の表彰を受けた。熊本市に転勤してからは気心の知れた仲間とともに教育のことならなんでも実践し合うサークルをつくった。若い仲間だったが、皆それぞれにバイタリティがあり、図工を研究しているもの、パソコンに詳しいもの、教科の枠を超えて教育技術を追究しているものなど、バラエティに富んだ仲間から刺激を受けた。

第4章

熟議：後半戦
学校を元気にするためにスクールリーダーがすべきこと

仕事量の増加、学級経営の均一化、保護者対応……。今、学校に元気がないといわれる。多くの若い先生が苦しんでいるとも聞く。

その原因はなんなのか。どうすれば、再び活気に満ちた学校にできるのか。その方策を考える。

学校を元気にするためにスクールリーダーがすべきこと

心得 39

「揃える」ことの功罪

田中　近頃、学校に元気がないという話をよく聞きます。それはなぜなのかを考えていきたいと思います。その一つの要因として、考えられるのは第一に、なんでもかんでも「揃えさせる」という傾向にあることではないかと思います。**「他のクラスと同じようにしなければならない」という傾向があまりにも強くなりすぎて、先生方の工夫の余地がなくなってきているのではないか、**ということです。

たとえば、各教室の「掲示板」などにしても、「隣のクラスと同じ並びで、同じ掲示物を置くようにする」のが当然のようになってしまい、クラスによる違いがまるでなくなってしまっている。クラス内の席替えの日にちまで、横並びで一緒にしてしまう。なぜ揃えさせるのか。揃えることで安心するのか。一度真剣に考えてみることが大切だと思います。

先生方の中には、揃えさせられることで元気がなくなる人がいる一方、揃えることで安心する人がいるのも事実なので。

宮本　**「揃える」というのは教師の前向きな行動ではなくて、むしろ「揃えさせる」といった**無理やり、やらされているという意識がどこかにあるからでしょうね。

田中　「なんでも揃えてしまう」要因の一つは、たとえば、自分のクラスが隣のクラスと違うことをやった場合、子どもから「うちのクラスはどうしてやらないの？」と聞かれて、答えに窮してしまうという事情があるからかな。

宮本　多くの先生方には横並びの安心感というのがあると思います。実のところ、先生たちの発想のバリエーションなど、そんなにたくさんあるわけではありません。各クラスの教室掲示を揃えたりするのも、そうすることで安心を得たいからなのではないでしょうか。

土居　ところが、横並びにしたつもりが、**揃えれば揃えるほど、差が顕著に出てしまう**というパラドックスが生じます。たとえば掲示板の掲示の仕方が隣り合ったクラスで全く同じだとしたら、完全に子どもの質や力量の差が露わになってしまいます。同じ教科で授業のやり方を揃えてやっていくと、その先生の力量がそのまま誰の目にも明らかになってしまうのです。だから、揃えることはある意味、クラスの力量を、そのまま外にさらしていることになるのではないかと思うのです。

柳瀬　揃えることで感じてきた安心感は、決して一般化されたものではありません。それを実感するのは、たとえば、初異動のとき。学校というところは、校舎のつくり方がそれぞれ違うように、仕事の進め方や生活指導、特別活動などその内容も大きく違います。大切だと思って「揃えてきたこと」などは、次の学校でほとんどそのままは使えません。「揃えること」を前提に異動したら、次の学校では校長の方針で「揃えないでそれぞれ考えてやってください」と言われたら相当戸惑うでしょうね。

田中　なるほど。

柳瀬　4月の初出勤の日は元気だったはずなのに、5月頃に元気をなくしている初異動の若い先生がいて、話を聞いてみると、前の学校では、大体のことは学級ごとで自由にやっていたが、この学年では細かいところまで揃えるよう言われるのが負担だ、と言います。

実は学年主任が「揃えよう」とした中身はそれほど細かい内容ではありませんでした。むしろ、異動してきた若い先生が基本的なことができていないので、さりげなく「揃える」という方法で育成しようと考えたわけです。立場が変わると「揃える」ことの目標も変わります。

田中　人事異動で動いた若い先生方がしゃべっているのを聞いていると、それぞれの学校で大きな違いがあります。それが原因となって元気になっている人もいれば、元気がなくなってしまっている人がいる。それを見るだけで、その人たちがこれまで過ごしてきた環境がどのようなものかがわかってしまうのです。

柳瀬　教師育成の視点で考えれば、「揃える」という方法もあれば、「揃えない」という方法も有効です。大きな理念があって、学年で考える、それぞれが**責任をもって創造的に取り組む、教師の働き方でそれぞれの学校の文化や校風がつくられる**のだと思います。

校内研究会はなぜつまらないのか

心得 40

田中　では次に、校内研究会について話してみましょう。日本の学校の校内研究会って楽しいんでしょうか。一度先生方に尋ねてみたいね（笑）

柳瀬　校内の親睦会の際に、「本当に忙しかったら次年度は校内研究をやめようか？　あれが一番、時間がかかるから。授業カットもするし」と真顔で話しました。続けて「授業研究がしたければ市教研や都小研でも機会がたくさんあるでしょう」と淡々と続けると、「いやいや、それはだめです」と強い口調で返ってきました。**校内研究は自分たちの学校を創ることとの必要条件だとほとんど教員が感じています。**それなのに「やらされている」というイメージが強いのはなぜなのでしょうか。

田中　ただやらされるだけではなく、形式や方法まで整えられてしまう場合が多いからかな。ユニークな指導案を出したとしても、いわゆる事前の指導案検討会でたくさん修正されて、最終的には平均的なものに変えられてしまう。

土居　たしかにそういうケースは多いです。

田中　若い先生は未熟だけれども、それなりに自分の想いみたいなものを持っています。それを、先輩の先生がやらせてみようとはしないで、普通のやり方に修正してしまうんです。もちろん、経験のない人たちのプランには「これはちょっとなあ」と思うものがあることも確かですが、やってみなければわからない部分がある。失敗してもいいから挑戦させてみたいね。

土居　自分の想いを試してみる経験ができなくなるんですね。

田中　うちに来ている教育実習生でさえそうです。学生が出した指導案を先生たちが、全部添削して修正してしまう。私は、先生方は経験しているからわかるだろうけれども、実習生にはわからないのだから、**一度は彼の指導案通りにやらせてみた方がいいと言っています。**先生方は「でも、ぐちゃぐちゃになりますよ」と言うのですが、そうしたことを経験するのも勉強のうちです。

自分のやり方でつまずいたら、そこで反省し、変容し、そこで成長していくのですけ

41 心得

授業研究で「授業を観る目」を
育てることが大事。

どね。

宮本 わかります。私もどちらかと言えば、若い先生方にはまず挑戦させ、経験させることを優先します。研究授業にしても基本はまずは考えたやり方で挑戦させます。意見はその挑戦した結果が出てからです。

土居 研究会の授業となると、どこかに着地点を見出さなければならない。そのことばかり考えるようになってしまいます。日々の授業では結構、冒険していたとしても、経験を積むにつれて、整えようという気持ちが強くなり、平均値に近いような発言をしてしまう。事前に話し合えば話し合うほど、突出した部分がなくなって、おもしろみのないものになってしまうという傾向があります。

田中 もう一度言うけど、1年目はいっぱい失敗させればいいんですよ。自分で納得しないと、やり方を変えることはありませんから。ところが、1年目からある程度、形をつくろうとすると、どうしても平均値になり、修正された人たちは、もう自分が認められなかったという気持ちになるので、「やらされている感」の方が強くなる。子育てにたとえると、末っ子の子育てをしてほしいですね。

柳瀬 長距離ランナーのコーチ、高橋進さんが成功した選手には三つのタイプがあると言っていました。一つは、コーチの言うことをよく聞いたので成功した選手。二つ目は、コーチの言うことをある程度聞いたので成功した選手。三つ目は、コーチの言うことを聞かなかったから成功した選手、だそうです。ちなみにこのタイプで最高の結果を出したのが、メキシコ五輪で銀メダルを取った君原健二選手だそうです。「聞かない」というのは、実は「よく聞いている」のだと思います。よく聞き、受け入れないふりをしながら陰で試し、自分なりのスタイルを見つけ出す、そんな追究型タイプの人だと想像します。若い先生に求めたい姿です。

宮本　熊本市では、初任者は研究授業を合計で（2＋α）回しないといけないのですが、**後半になればなるほど、初任者担当の先生の目が届かなくなって、かえっていい授業ができるようになる**場合があります。

最初は初任者担当の先生も懇切丁寧に教えるけれども、回数を重ねると面倒になってきて「もう、いいよ。先生も慣れた頃だから」と、勝手にやらせるようになる。そうすると、のびのびした授業ができるようになるんです。

田中　案外そうかもしれませんね。

宮本　あまり構えずにやった方がいい結果が出るものです。

型にはめるのか、型をつくるのか

田中　きのう仙台でやった研修の帰りがけ、ある先生が、「新採用の先生がいるのだけれども、最初はちゃんと型を教えた方がいいですよね」と言ってきました。「型を教えた方がいい」と思い込んでいて、それを確認する質問なのか、型を教えるやり方はよくないと思って聞いてきたのかわからないので、どちらかと聞き返してみると、「自分はずっと型をやってきたのだけれども、従来の型から抜け出すのが大変で、最初から自由にやらせてもいいのではないかと思いつつ、『いや、型があるから、まあまあできていたのかな』という意識もあって、どちらがいいのか悩んでいるんです」というのです。これが正直な意見だと思いました。

柳瀬　自分の書いた一番古い算数の指導案を見ると、フローチャート（プロセスを表現する流れ図）で書かれていて、いわゆる「型」が書かれていないんです。当時から「型」は存在していましたが、私の場合は幸運なことにその型を強要する先輩がいなかったのだと思います。あるいは、助言はもらったのに、私が言うことを聞かなかったのかもしれません。しかし、数年後の指導案は「4段階」で書かれています。でも、子どもに丁寧に向き合って授業をしていれば、それぞれの思考の段階を行きつ戻りつしている、ということに気付きます。**単線的な型はありえない。**そういう本質を「型」は、逆説的に教えてくれました。

土居　新学期に学級をスタートさせる際には、授業でのルールづくりや子ども同士のリレーションづくりなど、どうしてもやらなければならない基本的なことがいくつかあります。初任者に対しては学校でも指導教員を中心にして意識して指導を行いますが、それが十分できないままに学級がスタートして少しずつ「荒れ」が生まれ、気がつくと初任の先生が学級経営に苦戦している。学校教育課長当時、10月頃になるとこうした報告が数多く上がってきました。場合によっては学級崩壊に発展してしまうこともあって、改善するために退職した先輩の先生方をスーパーバイザーとして派遣してテコ入れを試みましたが、一度崩れた歯車を元に戻すことは容易ではありませんでした。

こうした反省から、スーパーバイザーの派遣時期を早め、学級経営の基本的な事柄や授業のつくり方などについて、4、5月に授業を参観したうえで個別に指導する体制を整えました。その結果、初任の先生が苦戦するという状況は激減しました。このときにスーパーバイザーの先生方が指導したのは授業形体等の形式的なことではなく、学級担任としての心構えというか、子どもの見方、授業のあり方等の外してはいけない基本的な内容でした。4月、5月くらいに教えるべきことは決して「型」ではないのです。

田中　最初に教えなければいけないことというのは、なんなのでしょう。

土居　たとえば、しっかり子どもの声を聞いて、子どもの発言の中で授業をつくっていくということです。どうしても先生は、自分の都合で授業をつくろうとします。そういうことばかりやっていると、子どもたちが授業内容に関心を持たなくなってしまいます。子どもたちの声、言葉を聞かずに、実態と違う形で授業を進めたりすることの積み重ねが、学級崩壊の芽になっていくのではないでしょうか。それではうまくいかないということを、きちんと授業を通じて指導していくことで、苦戦する先生が減ってきた。

田中　もちろん、子どもの声を聞くことは大事です。ただ、研修にきた先生たちが陥りやすいのは、子どもの話を聞かなければいけないという思い込みから、なんでもかんでも聞いてしまって、授業が混乱してしまうこと。まるで、授業の体をなしていないという状態になってしまう場合があるのです。子どもの声を聞くということを勘違いしてしまうと、授業は成立しません。こうしたことを防ぐ方法は、**先生が尋ねたことに答えようとしている子どもの話は聞いてもいいけれども、自分勝手なことを言っている子どもの声まで聞く必要はない**ということです。私語にまで反応していては、収拾がつかなくなるのは当たり前です。

土居　先生が子どもたちの発言を全部聞いていては授業としては成立しませんよね。

田中　こちらが聞いたことに、きちんと向き合って正対している子の声は当然聞きます。

土居　それを授業の中で実際に子どもたちに伝え、わからせることですよね。なんでもありを許してしまうと、いつまでたっても授業はまとまらないし、拡散したままになってしまいます。

宮本　熊本市教育委員会では昨年度、熊本市の授業づくりとして「授業づくり5つの視点」というものを作成しました。これはある意味、先ほどから話題になっている「型」

心得 42

に近いものかもしれませんが、５つの視点はともにごく簡単なもので、視点１は、「子どもの実態に即し、本時のねらいに迫るめあてをしめしている」というものです。「書きなさい」ではなくて、「示している」としているのは書いたらだめだというのではなく、書くのが一番いいのでしょうが、めあては、書くことも含めてしっかりねらいを捉えて示す方法をいろいろ工夫しようということだと思います。これは型といえば捉え方によっては型になるのかもしれませんが、これくらいのものが必要だろうというので、指導課が中心となって作成しました。

ついでにご紹介すると、視点２は「授業に見通しと振り返る場面がある」、視点３は「本時のめあてに迫る子どもたちの主体的な活動がある」、視点４は「学習意欲を高めたり、理解させたりするための工夫がある」、視点５は「子どもを認め、生かす場面がある」です。

柳瀬　つまり、教師の行動を安易に「型」や「段階」で示すのではなく、この視点から**子どもたちの具体の状態に置き換えて、思考の様相を捉え直す**ということですね。「めあてを書きましょう」とすれば、教師はめあてを板書したことで実行したことになるけど、「ねらいに応じた学習の動機付けや方向付けをしましょう」というように読み取ると、教師はもっと具体場面を考えなければなりません。

宮本　そうですね、それで、「５つの視点」ということだと思います。

田中　でも、たぶんそれは宮本さんたちのような経験のある人が聞けばわかることだけれども、経験の浅い人たちには、なかなか届かないかもしれません。彼らは「授業で子どもの言葉を聞くのは当たり前ではないか」と思っているはずです。ともすれば「授業中にいっぱいしゃべらせればいいんだ」などと思ってしまう。「めあてなんて、指導書に書いてあるではないか。何を今さら言っているのだ」と受け取るだけで、彼らが欲しているマニュアルとはかけ離れているのだと思います。

たとえば、授業の前半10分以内に必ず子どもに「えっ」と言わせろ。どんなことでもいいが、それがない限り次に行くな、ということにしたら何かを言わなければならなくなる。

柳瀬　それも型なんですけどね。

宮本　だけど、型にはしたくない。

柳瀬　「型」には違いないですが、「えっ、と言わせる」という子どもの状態で示されているから、教師側のねらいは明確になります。

田中　熊本方式の視点の話ではなく、若い先生が欲している**型のようなものとの中間のものが必要**だと思う。

土居　今、田中先生が問題にしているのは、型ではなくて、こういう授業をしてみたいという、自分が目指しているモデル的な授業の進め方ですよね。それは絶対に持たないと

43 心得

いけないと思うんですよ。それも型だといって否定してしまってはいけないのですが、問題は、どこへ行っても汎用的に使える型のようなものにはめ込もうとすることの弊害。これは大きいと思います。

柳瀬　やはり、「子どもがどのような状態になってほしいか」というその姿を、なんとか言葉で表していくことが大切だと思います。でも、その言葉を一般化しようとすると、徐々に形骸化していくので、そういう作業は個人提案でやるのがいいと思います。私の学校では、**学習全般で大切にしたいことを一匹のカエルをシンボルにして子どもたちに伝えています。「かんがえる」「まちがえる」「ふりかえる」「おきかえる」**という具合です。

宮本　私はたとえば「めあてを最初に書きましょう」というのは、型だと思うんです。必ず書きなさいというのはね。

柳瀬　「めあて」は「子どもがつくるもの」ですから、教師の役割とは、つくっためあての確認をすることですね。

宮本　そう。だから熊本市は、「めあてを示している」ということにしている。指導主事には「めあてを書きなさい」という狭めた指導はしてほしくないわけです。「示す」というのは書くだけではなく、いろいろな示し方があるはずなんです。

柳瀬　実際の授業を見たあとに指導する側に立つ指導主事が「めあての示し方」の具体例

心得 44

を、何通りか提示できる力が求められるということですね。あるいはそういう視点で協議会をコーディネートしてほしいです。**授業研究で「授業を見る目」を育てることがとても大事です。**よい授業を見ても、どこがよかったのかを語るとズレがあります。あるいはよくない授業を見ても修正の仕方を指摘するとそこには差が出る。そういう経験を積極的に積み重ね、自分で考え、試したり確かめたり、試行錯誤の中から自分で自分の型をつくっていくという形がいいのではないかと思います。

田中 だから、授業の進め方のうまい先生のやり方をそのままコピーして、コピーロボットになればいいというものではないわけです。最初は、人の真似でもいいけれども、**必ず一つ新しいことを入れて、自分なりのやり方に昇華させていけばいい。**今、世の中に広がっているのは演繹的な型だけれども型の中に何を実体としてつくったのかが示されていません。帰納的な型というものがありうると思うのです。

土居 最初はみんな真似から入ります。もちろん、その通りにやれるはずもありませんから、どこかで自分なりのやり方を入れていくことによって、自分のスタイルをつくっていくものだと思います。そこから出てきたものはその人にとっての型なのですが、それは何かに当てはめて「これをやりなさい」といわれるいわゆる「型」ではありません。

先生方が自分で判断することを
意識させる必要がある。

教師が自分の裁量で決められるのは、どこまでなのか

田中　教室が元気にならない理由は、他に何があるのでしょう。

柳瀬　教師が自分の判断で動けていないとき。肝心な部分の判断を管理職に委ねてしまうとき。

田中　それは、先ほどの揃える話とリンクしますね。果たして、教師が自分の裁量で決めていいのはどこまでか。たとえば、教材は誰が決めるのでしょう。

宮本　普通は学年単位ですね。単学級の場合は学級担任ということになるでしょうが。

田中　学年でやるにしても、若い先生の意見は反映されるのでしょうか。

宮本　もちろん、みんなで決めるわけですからメンバーには入っているのですが、学年主任が主導でやるのが通常ですね。

田中　そうすると、選ばれたものを使うことになる。先ほどから話題になっているように、クラスの掲示板から、席替えまでなんでもかんでも横並び。そうすると、若い先生も含めて、先生たちが自分で決めていいといわれているところはどこなのでしょう。もしかしたら、それが、示されていないかもしれませんね。学年主任たちがあとから、「だめです。それは揃えるものです」と言ってくる。そうなると萎縮してしまいますよね。

宮本 それはそうですね。今の学校もそうだけれども、これまで勤務した学校でも低学年はわりと、教室の掲示や作品掲示など揃えているのがスタンダードです。それは教室を回るとわかります。

柳瀬 学校公開などに合わせて掲示物を貼り替えると、その学級が日常的に取り組んでいる文化が消えてしまいます。私の学校では、廊下側には学年で取り組んだ学習の成果を貼りますが、教室内は担任に任せています。教室は子どもたちと担任がつくるプライベートスペースですから、そこは校長であっても尊重しなければならない場所です。

田中 先ほどの授業の話と一緒で、経験がいっぱいある人は先を見通して、こうすると楽だよと思って教えてあげているのだけれども、若い先生たちは、なぜそうするのかがわからない。だからなぜそんなことをしなければいけないのかと、反発するということですね。

算数の授業でいう公式を覚えなければいけないことと構図が同じですね。自分で決めていいことと、学年で揃えてやることの区別を最初に学年主任が教えてあげると納得するのでしょうが、ここは自由にできる、ここはそういう目的であえて揃えているんだということが話題になる時間がないので、何か強制的にやらされているような気になってしまうのです。

もしかしたら、これは学級経営の中でも同じようなことがいえるかもしれません。子どもたちにも、「ここは自由にしていいんだよ、ここはみんなで決めたルールに従ってやるんだよ」と、担任の先生が子どもたちにきちんと説明しているのかどうか。

宮本　それはわかりませんね。みんなで揃えてやるというのが前提にあって、その後の部分で自由にやっているのかもしれません。

田中　自由にしてもいい領域がどこまでなのかがわからないと、手の出しようがありません。

柳瀬　自由にやっても、同じことをしても、先生の指導力は見えます。もちろん、そういう差が出ないような掲示物もあります。でも、差の出ない掲示物はおもしろみに欠けるし、そのようなレベルのものを掲示されるのは子どもにとっても不本意です。

田中　私は見えてもいいのではないかとも思いますが、親としてはそれは嫌なんでしょうね。こういうのが見えた方がやりがいがあると思うのですが。

土居　私なんかは若い頃、参観日や公開授業で「学年で揃えて同じ授業をしましょう」などと言われたら、必ず反発して別のことをやりました。だって、勝てるわけがないじゃないですか。20年やっている先生と1年目とか2年目の私が同じ土俵に上がって比べられたら、絶対に経験のある先生にはかないません。安定感がありますからね。だから、必ず違うことをやっていましたけれどもね。

田中　それは先ほどの揃える話の逆ですね。様々な論点が出てきましたが、いずれにしても、ここでは問題提起だけにとどめておきましょう。

保護者対応：判断する力を育てる〜新しいホウ・レン・ソウ

田中　では話題を変えて、ここはもう少し先生個人に向けての話をしましょう。今、先生にとって大変なことの一つに保護者対応がありますね。このあたりは皆さん、どうお考えですか。

土居　保護者対応のことで先生方は、いろいろな場面で悩みます。学校で何かが起きた場合、社会の情勢として、最終的に学校長の責任という話になってしまう傾向があるため、先生方が個々人で判断しづらくなっています。でも、本当は**その場その場でもっと先生方が自分で決定したり判断したりすることを、意識させる必要があるのではないか、**というのが特にリーダーやミドルを育成するという視点では、重要なことだと思っています。

たとえば、保護者対応でどんなアプローチをするのか、どういった場合に保護者に連絡を入れるのか入れないのかというところは、次の結果に大きな影響を及ぼすと思うのですが、そのあたりの一つひとつの判断力を身に付けるようにすることが重要だと思います。

それから、若手から相談されたとき、それにきちんと答えられるかどうかも、これか

心得46

らのリーダーやミドルに求められる大きな資質なのではないかと思うのです。

田中 保護者からクレームが入ったとき、まず担任が対応するというのが一般的です。いきなり校長のところには来ることは、ないはずです。

土居 おっしゃる通りです。

田中 保護者が担任と対応している段階で、担任が最初に相談するのは誰なのですか。

土居 教頭や学年の先生だと思います。

柳瀬 学年です。まずは担任が学年主任を中心としたと学年で一つの方向性を出し、それから管理職に持ってくる。「報告」とは「方向を決めて相談すること」、これを私は徹底しています。

田中 公立小では、俗にいう報・連・相（報告・連絡・相談）が徹底されている印象が強いですが、そのあたりはどうなのでしょう。自分で判断させないということなのでしょうか。

柳瀬 仕事のサイクルとして確実に押さえておきたいことですが、一番重要なことは、どの程度のスピード感で報告するかの判断力ですね。

土居 報・連・相という言葉にはメリットとデメリットがあると思います。「こういうことがあり、私はこうしました。それでひょっとすると、このことについて保護者の方から突然、校長先生のところに来るかもしれないので、お知りおきください」というのが、

勤務時間外であっても、明日の授業づくりなら、
それは教師がチャレンジしている最も大切な時間。
早く帰ろう、などと言えるはずがない。

本来の報・連・相の意味だと思います。私はこのように受けて判断をし、状況分析をしたうえで、こう対応しましたと報告するということのはずです。ところが、今では自分で判断することなしに、なんでもかんでも報・連・相しなければならない、という風潮が主流になってきているような気がします。

田中　そういう意味で、担任の先生にどこまで判断を委ねるのかということについては、学校によりそれぞれ違っていると思います。基本的にはなんでもかんでも全部報告する必要はないはずです。しかし、一方で、報告しなかった場合に事件が起きたとすると、校長は「なんで報告しなかったのか」と必ず言うはずです。そこの兼ね合いが難しいんです。

宮本　もちろん、まったく校長に話が来ないのは困るけれども、事件の渦中ではなく、いったん落ち着いた段階で報告する、という方法はあると思います。「こういうことが起きて、学年主任と教頭先生といろいろ相談しながら処理をして、こういう形で落ち着きましたので、報告に参りました」というようにね。

田中　「このように対応しました」という報告をさせるということですね。

宮本　なんの報告もなされていないと、何かあったときに困りますから。

田中　何も対処していない段階で、校長に話が持ち込まれた場合、教師たちには「自分で考えなさい」と言うのですか。

宮本　いきなり校長のところに「どうしましょうか」という話が持ち込まれるケースはありませんね。その前に学年主任や生徒指導主任だとか教頭だとかいう相談する相手がいくつもありますから。

柳瀬　私は常に**「何があったかというだけではなく、そのことに関して、自分はどのように考え、どのように対処したいのか、そこまでを含めて伝えるのが本当の報告」**という話をしています。ただし、考えすぎられても困る。そこにはタイミングとかスピードというものがあると思うんです。一日開けてしまってからでは、取り返しのつかない事案もあります。

47 心得

田中　ある親御さんが担任の先生に相談に行くと、毎回「ちょっと待ってください。校長と相談しますから」と言われる、と嘆いていました。「クラスの子どもと子どもの関係のことを担任に相談しているのであって、校長先生はそこまで細かいことは知らないはず」とその親御さんは言います。もっともな話ですが、この親御さんが「校長先生たちが担任にうかつなことを言わせないようにしているのですか」と私に聞いてきたのです。驚きましたよ。自分で判断しない教師が増えてきたことが、保護者に学校への不信感を抱かせてしまっているのです。

土居　そういうことが続くと、保護者は担任ではなく、最初から決定権を持っている校長に相談しようということになります。あの先生に相談しても何も答えが返ってこない。

それなら、最初から校長のところに行った方がいい、という話になってしまうのです。

こういう状況のときは報告する、また、こういう状況のときはしなくていい、などというマニュアルをつくることは不可能です。それこそまさに、先生一人ひとりが持たなければならない資質と感性だと思います。ここは私の責任において処理すると判断できる事案なのか、ひょっとするとこうなるかもしれないから、管理職に上げておかなければいけない事案なのかを、瞬時に判断する力を身に付けなければいけません。

田中　その通りです。たとえば**「保護者の方からこういうクレームが来て、私はこういう対応をしました。もしかしたら校長室に話が来るかもしれません」というように自分が判断したことを報告するのは、何ら問題はない**と思うのです。

土居　それは案件によりますね。事前に報告した方がいいことと、自分で判断した方がよいことを見きわめようとする姿勢が大事だと思います。

田中　そのとき、校長が「えっ、知りませんでした」と保護者に言ってしまうようになるのがまずいんだね。

土居　私が行政に携わっていたときに、いつも考えていたのはそのことです。自分が担当していることで、どこからかクレームが来そうな案件があった場合、そのことを上司が知らないという状況を絶対につくってはいけないと考えていました。クレームが届く可能性があるときは「こういう状況になり、私はこう対応をしています。それについて、そちらに連絡が来るかもしれませんから、お知りおきください」と一言言っておくようにしていました。

田中　担任の先生が、些細な問題でも自分で判断しきれないのは、どういう理由なのでしょう。

柳瀬　担任として責任を持って対応してよい場面にまで管理職が立ち入る場面が増えているからかな。

田中　クラスの子どもの人間関係とか、「私の子どもがクラスの誰かからいじめられている」とかいう案件の場合は、担任が対応するのが当たり前です。

土居　それはおっしゃる通りです。

田中　スクールリーダーであるかないかにかかわらず、今の教師たちは、自分で判断するケースがすごく少ない。学年の決めごと、行事の進め方、教材の選び方、授業の進め方など、何から何まで決められたことを受け入れるという経験ばかりしてきているので自分で判断することができないのです。

宮本　自己決定ができないのですね。もっと想像力を働かせて、すぐに管理職を頼るのではなく、ある程度は自分なりに可能な範囲において対応できる力が必要だと思います。

柳瀬　今の保護者は、「子どもがいじめられています。どうしたらよいでしょうか」というような相談ではありません。たとえば「いじめに対応するためにクラスに先生を一人増やしてください」と言うように、相談に来た時点で、すでに要望事項が入っています。これに対し担任は、「私では決めかねるので管理職に相談してみます」と答えてしまう。

しかし、少し考えればそうした要望に簡単に応えられないことは誰にでもわかっていることです。この場合は、**自分で解決の方法を模索し、自分なりの解決策を提示**するとよいでしょう。そうした**1ヶ月待ってください」など、**「この方法でやってみますから

49 心得

1ヶ月待ってください」など、**毅然とした提案や対応が保護者の信頼を得ることにもつながるわけです。保護者の気持ちをしっかり受け止め、自ら対応しようとする姿勢がなければ、保護者と担任の信頼関係は築けません。

田中　そういう部分を含め、判断する機会を彼らにもいろいろな場面で経験させた方がいいのではないかと思います。たとえば教材を選択するとき、**学年主任が「今度、これでやるからね」で決まってしまうような教員生活をずっと続けてきた人と、たくさん並んでいる複数の教材の中から「どれが自分の生徒たちに合うのだろう」と考えたことがある人とでは、自分で判断する能力が全然違ってくるはず**です。

50 心得

大きな学校で毎回お膳立てを整えてもらってきた先生たちは、自分で決めるのが怖いんです。何かやるとしても、「上の学年は何を使っているのですか。それを使っている のなら、私もそれと同じものを使います」ということを繰り返してきて、自分で決めた経験がないから自分では何も判断できなくなってしまっている、というわけです。

宮本 そうですね。だいたい、規模の大きい学年三～四学級の学校ならベテランの学年主任が中心になって決めちゃいますからね。よほど学年主任に若手の意見も参考にしようという意識がないと、そこに若手教師の出る幕はないのかもしれません。

田中 研究主任にしても、前の年にやったことをずっと踏襲し続ける。マネジメントにしても、去年ここでこうしたから、今年もこうやる、という前例主義が横行しているんです。

土居 判断に関わると、その結果によって自分が評価されてしまうので、判断するのが怖いという側面があるのではないかと思います。選択を間違えると、自分の評価が下がるのではないかと考えてしまう。多くの場合、どちらを選択しても、そんなに差がつくことはないのですから、自分が思ったとおり動いた方がいいと思うのですが。

柳瀬 報・連・相という言葉は、一見すごくいいことのように聞こえるけど、自らの判断が加わらないと主体性に欠ける行為にもなりかねません。

田中 その通りです。

柳瀬 だから私は教員たちに、新しい「ホウ・レン・ソウ」を提示しています。**報告・連絡・相談ではなく「方策・連携・総括」です。まずは自分で方策を練りなさい、考えなさい、それから関係者と連携してやりなさい。そして最後は、きちんと振り返りなさい、ということ**です。

51 心得

田中　もし万が一、判断を間違えて文句を言われたら、それは仕方がない。そのときこそが管理職の出番、ということですね。

柳瀬　その覚悟がなければ、この話はできません（笑）

土居　もっと言えば、校長になった瞬間、たとえ自分の意図は違っていたとしても、先生方の判断は自分の判断だ、と腹をくくるしかないと思いました。その原則を壊してしまったら、おそらく校長と先生たちの信頼関係は成り立たなくなってしまう。

田中　とはいえ、そうやって自分で判断したことが原因となって、校長室に呼びつけられ、「お前は俺に断りもなしにそんなことを言ったのか」と叱られるケースも現実的には大いにありえます。

柳瀬　たしかに打ってはいけない一手がありますからね。そこから修正するのは大変ですから。「振り返り」として小言を言う場合はあります。

田中　ついつい、そういう極端な案件を予想するから、その前に防御策を立ててしまう。そういうことが、結局のところ、今のシステムをつくってしまっているのではないでしょうか。

土居　「これは致命的だ」というケースはあります。でも、それはもし起きたら、ごめんなさいと心から謝罪するしかない。

柳瀬　行政にいた頃、「最悪を想定して動きなさい」と言われて仕事をしたけど、その経

最初は人の真似でもいいけれども、
必ず一つ新しいことを入れて
自分なりのやり方に昇華させていけばいい。

験は校長になってからも使えていますね。つまり、最悪に至った場合の準備はしておく、ということです。

土居　そういったレアなケースと、日常的に判断しなければならないいろいろなことがごっちゃになって、同じ手法で処理しようとしてしまう。それが「事なかれ主義」の温床になって、どんな小さなことも報告しなければならないという誤解が生じてしまうわけです。そこの明確な線引きが必要だと思いますね。

働き方改革：どうすれば先生の負担を減らせるか

田中　今、中教審で緊急提言されている「働き方改革」の問題に話を移しましょう。このような提言がなされるのは、「教師は忙しい職業だ」というイメージが一般化したからだと思います。なぜ、教師は、これほどまでに忙しくなってしまったのでしょうか。

土居　朝の会に始まり、あまりにも一日のスケジュールがびっしりと埋められているという側面があるのではないかと思います。

田中　仕事が多すぎる、ということですね。どうして、こんなにたくさんの書類をつくらなければならないんでしょうか？

柳瀬　よくいわれているのは、会議が多いということです。「だったら、校内研、やめてみようか？」と話題を振りました。校内研があるから、夜遅くまで指導案を検討したり、教材をつくったり、これにかけている時間とエネルギーは膨大なものです。市教研など他にも研究する機会はあります。それでも結局は「校内研は必要だ」ということになりました。

これは単純に「時間を奪われるから会議は嫌だ」といっているのではなく、**価値ある行為にはいくらでも時間をかけたい、だからこそ無駄なものは省きたい**というのが本音です。まず校内研は「無駄なもの」とは微塵も思っていないことがわかって、私は嬉しく思いました。

宮本　「職員による協議」が多すぎますね。「職員（校内）研修」と「職員会議」などがあるのですが、月行事の中に、校務分掌ごとに部会だとか学年の話し合いなどが入り込んできて、もう少し精選できればと思うんです。

田中　「職員による協議」とは、つまりどういうものでしょうか。

宮本　行事などの計画を協議したり確認したりといった活動が主なのですが、そういった時間帯が放課後によく位置づけられていますね。今の勤務校では、職員室にディスプレイを設置し、簡単な連絡や確認事項はパソコンを使って繰り返し流すようにしています。それを1分間も見れば学校の動きはわかるわけです。連絡や確認程度でいいものはそれで流し、本当に話し合わなければいけないことを話し合うようにしています。

52 心得

田中　なくてもいい会議はできるだけ整理した方がいいでしょうね。本当にその会議が必要なのかどうか。それから、会議を長引かせない工夫も必要だし、個人の仕事のやり方も工夫しなければいけないのではないかと思います。

柳瀬　中教審で緊急提言された「働き方改革」に書かれている内容は、学校の実態にそぐわないものが含まれています。

田中　学校の実態にそぐわないもの、とは具体的にどういうことなのでしょう。

柳瀬　たとえば、「保護者からの電話は時間帯を決めて対応する」「それを行政がつなぐ」というような提言がありましたが、たしかに、保護者対応で教員の勤務時間が延びているというのは事実だとしても、保護者と直接対話しないと解決しないことは数多くあります。時間が来れば音声応答に切り替えてしまう、それは問題を先送りにするだけで、解決にはならない。

あるいは一斉閉庁などの提言もあります。たとえば、夏休みに学校を5日～9日間ほど一斉閉庁した場合、飼育動物・植物の世話は誰がするのでしょうか。日直は置かない、という前提ですから子どもだけが学校に来るわけにもいかない。結局、飼育担当係の先生が、自主的に飼育小屋を確認に来るのだと思います。

田中　うちは附属学校ですから、有識者会議の提言する「働き方改革」については、すごく厳しく徹底するように指導されます。附属は職員が11時、12時と夜遅くまで働いているというイメージを持たれていますから、その筆頭である筑波小は「見本になるような働き方改革をしなさい」というわけです。でも、最初から、うちの学校ではみんな5時、6時になると帰ってしまっていました。これが文科省にしてみれば意外に映るんですね。うそだと思ったらうちに来て現状を見てくださいというのですが、思い込みがあるからなかなか信じてもらえません（笑）

宮本　私は附属小に勤務したことがないので実態はわからないのですが、勤務経験のある先生に聞けば、やることがなくても地方の附属には、早く帰ってはいけないような、何か全体を縛るような雰囲気があるというように聞いています。

田中　それは公立学校にもあると聞きます。「学年主任が帰らないうちは帰れない」など と若い先生が話してたりしますから。

柳瀬　「校長が帰らないから、帰れない」という副校長もいます（笑）

田中　カードを一度押した後で、学校に残っている人もいますからね。**「働き方改革」というなら、今教師がなぜ遅くまで学校に残っているかを知ることは大事**だと思います。本当は早く帰れるのに、残ってダラダラ仕事をしている時間が好きという人もいるのかもしれないから。

53 心得

柳瀬　私は、残ってやっていることの中身を見ます。授業づくりなのか、それとも報告書の類なのか。**前者なら、気の済むまでやりなさい、と言うし、後者なら、時間を切って**

54 心得

終えるように指示します。勤務時間外であっても、明日の授業づくりなら、それは教師がチャレンジしている大切な時間。早く帰ろうよ、などと言えるはずがありません。

土居　多くの人は遅くまで残って仕事をやることがルーチンになってしまっているんです。一日の流れの中で、学校では何時までやる、ということが決まっているから、その流れで、遅くまで仕事をしてしまうという現実があるのではないでしょうか。

田中　私は、先生たちがよかれと思ってやっている仕事の中のいくつかが無駄なところがあるのではないかと思っています。たとえば、ドリルの丸つけや漢字の丸つけがそうです。それらは教師の独り善がりである部分もあって、子どもの勉強に全くなっていないんです。本来は、子どもがやった直後に自分で丸つけすることが一番の勉強になるはずです。でもそうすると、親御さんから「この先生は子どものドリルを見てくれない」と言われてしまう。それが怖くて必死で赤ペンを入れるわけです。先生が赤ペンを入れた答案用紙を翌日子どもに返しても、子どもは見もしないで、みんなランドセルに入れてしまう。赤ペンを入れた努力が全くの無駄になってしまうんです。

宮本　子どもが、先生が赤ペンを入れた答案用紙すら見ないのでは、なんのための赤ペンなのか、意味がありませんね。

田中　実際に子どもが見るのは日記の返事ぐらいです。でも、これも早く書かないと意味がありません。前の日に書いた相談事の返事を翌日返されても「もうその話は終わっています」ということになる。だから働き方に無駄があるようにも思いますね。**私は今のスケジュールで、40冊の日記を毎日読んでその日のうちに返しています。**

ただし、40冊の日記を積み上げると、気持ちは萎えてしまいます。私はいつも朝来たら、最初の10人の分だけ取って、ロッカーのところに立って返事を書いてしまう。朝は10冊だけにとどめておいて、次の中休みで10冊、子どもたちが運動場で遊んでいるのを見ながら返事を書いてしまう。これで半分終了です。残りは給食の時間に10冊、子どもが着替えているときにまた10冊というように分けて読む。こうすると、子どもたちが着替えるのを待つ間もイライラしませんからね。自分が何もしないで待っているからだめなんです。読み終わって、ふっと頭を上げると、着替えを終えた子どもたちが「ねえ、先生、日記まだですか」と目の前に座っている。「へえ、着替えるの早くなったねぇ！」と逆に褒めてあげることができる。互いの精神状態にもいいし、何よりその日のうちに返すことでたくさんのノートを持って帰らなくて済むところがいいでしょ。

宮本　そうなんです。先生方はいつも子どもたちのノートやプリントなどを大きなバッグに詰め込み持ち帰っています。それも三つも四つも、持って帰っている。

柳瀬　**本務の本質の部分で働き方を考えることが大切**だと思う。こういうところを変えないと「早く帰ろう」と号令をかけても、仕事を持ち帰らなければならない羽目に陥ってしまう。本務を削ることは改革になりません。

55 心得

田中　たとえば、多くの学校では職員朝会をやっていますが、職員朝会がなければいけないとみんな思い込んでいるだけなのではないでしょうか。うちでは職員朝会は全くない。最初は気持ち悪かったけど、やめてみれば、必要のないものだったということがわかってきました。

子どもの世界でも無駄があります。**あの長々と行われている「朝の会」「帰りの会」、本当に毎日やる必要があるのかも自問自答してみてもいいかもしれません。**一般的に朝の会というと、1年生では、「○○君」「はい、元気です。昨日は□□しました」というようなことを一人ひとりに発言させるというようなことを延々20分ぐらい続けます。これだけでもう子どもはクタクタに疲れてしまいます。疲れた後に一時間目が始まる(笑)

我々がいろいろな集団で自己紹介し合う場合を考えてみましょう。たとえば20人の集団で一人ずつが自己紹介し合う機会があった場合、自分の番が来るまでは、ずっと緊張しているけれども、終わった瞬間に緊張感が抜けて、その後の人が何をしゃべったかを覚えていないなどということがよくあります。前半でしゃべった人間は、後半が退屈なんです。

柳瀬　全員に声をかける、全員に話をさせる。そういう形式的な配慮を実は子どもたちは歓迎していないということですね。

田中　でも朝の会をやる先生は、やらせることが大事だと思っていて、子どもの気持ちが萎えるなどとは考えてはいないでしょう。子どもが飽きてしまっているかどうか、自分のやり方を評価する意識が必要ですね。毎回同じサイクルでやっているところに問題があるからです。

要するにメリハリをつければいいんです。たとえば「はい、元気です」と言わせるのはやってもいいから、常に出席番号の1番からというのはやめにして、**今回は出席番号の11番から何番までの話を聞くなどの方法でランダムに発言者を指名するようにすればいい。**そうすると、子どもはその場で考えなければいけなくなります。「今日は誰にしようかな」とトータルで満遍なく発言させるようにすれば、朝の会に要する時間は半分になります。これは一例ですが、このように、いわゆるルーチンワークでやっている仕事には実に無駄が多い。多くの先生方はこのことに気付いていないのです。

宮本　働き方改革の中では、やはりそのように自分のやっている一つひとつの仕事を見直す作業が必要となるわけですね。

田中　一度学校に行って、帰りの会を回ってみればわかります。うちの学校でもそうですが、公立学校は、帰りの会がやたらに長いクラスがあるんです。延々とやっていて、廊下で他のクラスの子が待っていたりする。何をやっているのかを聞いてみると「掃除の反省です」などと返ってくる。反省して掃除がよくなっていればいいですけどね（笑）

宮本　それが当たり前になってしまっていますからね。今の帰りの会一つにとっても、そ

56 心得

の当たり前と思っていることを違った角度から少しでも見直してみることですね。

土居　固定観念に自縛されているということがあるかもしれません。だから、そこをやはり解いてあげないといけませんね。先生にとっては、それをやることで安心する部分があるので、やらないとものすごく不安になってしまうという側面があるんです。

柳瀬　先生は自分が小中学校時代にやっていたことを繰り返している場合が多くあります。それがその人の当たり前だからです。保護者も全く同じで、自分が小学校の頃にやっていたことと異なると、なんとなく落ち着かない。給食指導や持ち物のルールなど、連絡帳に「先生のやり方に疑問を持ちました」と書いてあることが多く見られます。

田中　「やらねばならない」ことと「やるものだ」と思い込んでいる場合の二つがあると思います。「ねばならない」のは強いられているから、本当は心の中で嫌だと思っている場合が多いので、多少は見直そうという気持ちが芽生えてくるのですが、「やるものだ」と思い込んでいるものは、なかなか変えることができないんですね。

さて、ここまでいろいろと話してきましたが、どうでしょうか。先生方が少しでもやる気になるヒントがあることを願って熟議を終えたいと思います。皆さん、ありがとうございました。

第5章

最高の教師人生を送るために！

―授業研究に取り組んだ4人の足跡を追う―

達人と呼ばれる先生方は、若い頃をどう過ごしてきたのか。どんな取り組みに力を注いできたのか。管理職になってどう若手を育ててきたのか。

教師人生をもっと豊かにするために、先達に学ぶ。

心得57

田中博史の授業論・教師論
出会ったすべての人に感謝　我が教師人生は幸運そのものだった

田中

1．田中博史は変わってない⁇

最近、いろいろなところで、「田中先生は若い頃、どのようにして授業の勉強をしたんですか、どんな教師だったのですか」など質問を受けることが多い。

同志とともに創る最後の本、しかも60歳を迎える節目につくらせてもらう本だから、少しこうした質問に答えるページもつくることにした。

結論からいうと、私は出会ったすべての人に恵まれていた。ただただそれに感謝したい。よく考えると、今回の企画のように、たまたま同年齢の4人がともに意気投合し、このような本づくりに関われるのも本当に幸運なことなのである。

振り返ると、この4人以外にも私は要所要所で様々な人に助けられてきた。

それは今から37年前の新採用時代に遡る。

私は今から37年前に山口県の下関市で初任者となった。下関市立文関小学校が私の初任校である。下関市の中では古くからある名門校といわれている学校らしい。

政治家がたくさん集う山口県の中でもとりわけその色が濃い下関という街。当時のＰＴ

Aにはその政治家一族がずらりと揃う環境の学校だった。応接室にも校長室にも大臣の方の直筆の書がたくさん並んでいたのを記憶している。

そんな学校なのに、若き田中博史は着任してすぐいろいろなことを始めてしまった。知らないというのは怖ろしいことで、若気の至りの極みである。

よく覚えているのが、「あすなろ教室」という名の私塾のようなものを土曜日の午後に開いていたこと。といっても、要するに「算数の勉強が苦手な人、クラスは問わないから土曜日の午後、弁当を持って集まってみんなで教え合おう」というサークルのような会。

今思うと、なぜこんなことを始めたのか自分でも不思議。

当時、「あすなろ」という言葉がはやっていたこともあり、「あすこそ、算数がわかるようになろう」ということで「あすなろ教室」と恥ずかしい名前をつけた。

全校のいろいろなクラスから子どもたちが集まり、1時間だけ勉強したら、そのまま校庭に出て、バスケットボールをしたりドッジボール、鬼ごっこなどをして土曜日の夕方までたっぷり遊んで帰るという塾。もちろん、私のクラスの子が多かったが、その前後で教えた子、行っているバスケットボールが好きな子、参加している子の兄弟姉妹、とバラエティだった。よくぞ、こんな勝手なことができたものだと我ながら冷や汗をかく。まず、他のクラスの先生からすればおもしろくなかったに違いない。きっと校長のところにもやめさせろとの意見が届いていたことだろう。呑気で学生気分の抜けない私は、毎週土曜日を学園青春ドラマの教師気分で子どもたちと満喫していたのである。

後から知ったのだが当時の学年主任たちは、懐の大きい方たちで私のような元気のいい若手教師に対して潰そうというのではなく、「あのパワーをこのままにしておきたい」と思って見守っていてくれたというからすごい話だ。その筆頭だったのが学年主任の飯田先生。飯田先生はその学校でもみんなが一目置く、実力のある先生で、その方がそう言うのだから、他の先生も同様に私を見守ってくれた。もちろん、反対派もいたと聞く。教務主任はいつもひたすら眉をひそめていた。ただ教頭は私を上回る破天荒な人だったからそこもラッキーだった。今はただひたすらその環境に感謝の日々である。

近年、自分の保身しか考えない管理職、教育委員会が増えてきていて、細かなルールばかりを押しつける先輩教員がたくさんいる、と若い教師から相談を受ける。

私と同年代の管理職諸氏。ぜひ、見習ってほしい。そして自分たちの若いときを思い出してほしいと思う。

2. 新任時代のあすなろ教室での取り組み「教えるって難しい」

振り返ってみると、22～24歳の田中博史があすなろ教室でやっていたことは実は今とそれほど変わらない。その一つが子ども同士をリンクさせること。

最初、算数が苦手な子どもたちが質問をたくさんしにきていたのだが、一人ずつに対応しているととても教師一人では無理だとすぐに実感。

質問する子たちは、それこそ弁当を持ってやってきている熱心な子たち。簡単にわかったとは言わないのだ。何度も同じことを尋ねにくる。今、わかったと言ったかと思うと、すぐにまた振り出しに戻る。そんな子どもたちなのだ。困った。なんとかしてあげたいのに……。

子どもたちに「教える」ということが、そう簡単ではないと痛感したのもこのとき。悩んでいたあるとき、ふと教室を見まわすと、私の「あすなろ教室」には複数の学年の子がいることに気がついた。そこで彼らに「ねえ、このかけ算の問題、わかる人いる?」と持ちかけてみた。少し上の学年の子が「それならわかるよ」とにこにこ。

このようにして、得意なことが少しでもあれば互いに教え合うという仕組みにしてあすなろ教室の学び合いは続いたのである。これって実は今、私がやっていることと基本的にはスタンスは同じではないか。

つまり私はさほど成長していない（笑）

だけど、フィンランドも窓際のトットちゃんのトモエ学園も考えていることはよく似ていて、個性豊かな子どもたち同士の関わり合いをどう生かしていくかを考えるという行為は、もしかしたら若く経験が浅い教師の方が柔軟でおもしろいことを思いつけるのではないだろうか。民間企業では、同年代がいろいろな企画を立て、先輩から厳しいことを言われながら個性を発揮しようと頑張っているのだ。教師だけがお決まりのルーチンワークに入っていていいはずはない。もちろん、手立てはそんなに豊かではなかったが、この当時から私には古くからある形式通りに授業をすれば子どもたちが理解するとはとても思えなかった。

3. 原点はここにある　山間部の学校で学んだ5年間

教職4年目に、私は全校児童50名程度の小さな学校に転勤になった。

今は廃校になってしまったが、阿武郡阿東町立篠目小学校がそれ。学校は山の上にあり、校庭には手づくりの本格的なスキー場があった。

クラスは五つしかない。つまり一つは複式学級。担任教員は5人しかいなかったが、若い教師が多かったこともあって不思議と意気投合できる仲間たちばかりだった。当時、私も複式学級を受け持ったが、同じクラスに複数の学年がいることのよさは、下関時代「あすなろ教室」で学んでいたから、私にとっては望む環境でもあった。すぐに上の学年の子が下の学年の子を教えるという方法を使うことを取り入れる。

おもしろいことに下の学年の子が逆に図形なら僕も説明できるよと言い出すときがあった。このような互いに教え合う方法を私はその後、単式のクラスでも使うようになった。

単式学級の複式化のアイデアは、一斉授業の中で個人差に悩んでいる先生方には使えると思うのだがいかがだろう。

といっても、当時の私のクラスは少ないときは7人程度。読者の方は7人なら個別指導がしっかりとできると思うだろうが、これが実はそうでもない。7人でも彼らが本当にわかりたいと思って真剣に質問を始めたら一人の教師が駆け回っても追いつかない。

この当時の経験から教室の人数をいくら少なくしても（つまりたとえ7人程度にしても）、教師一人で教えるだけの方法では限界があると思っていたのである。だから少人数指導の際に人数だけを少なくしてもだめだと私は力説できた。大切なことは教師が一方的に教えようとする授業づくりの発想そのものを変えることである。

集団で行う一斉授業の中で、どのようにして互いが繋がり合うことができるか。いかに自分で表現し直すことができるか。その意欲を育て表現する機会を増やすこと。

それこそが授業の命だとこの頃から感じていたのである。

当時の私はこの小さな学校で、たくさんの校務分掌を一人で行うことになる。算数主任、体育主任、生活指導主任、研究主任と同時にやった。

しかし、メンバーが若かったこともあり、楽しい日々だった。町の研究会では26歳の私が算数部会の部長をするように言われて戸惑った。当時の町の算数部会は、ほとんどのメンバーが数学教育協議会に属している方たちで、私は彼らから水道方式をしっかりと学んだ。しかし、ときには激しく論争もした。論争するたびに、その先生たちから勧められる水道方式の本、遠山啓氏の著作、銀林浩氏の著作、ひとゆめのシリーズなどたくさん読み漁った。おもしろかった。数学を根底に置き、それを降ろしていく発想と、子どもの実態から積み上げていく方法の二つのギャップは今でもよく話題になるが、県の算数部会が学会の立場だったので、私は二つの方法の会に同時に参加することになった、それぞれの合宿に参加したり口角泡を飛ばし仲間と議論し合ったことが今の財産になっている。この時期、教育界では民間教育団体が元気がよかった。私もいろいろな団体の会に参加して、多様な視点で学んだ。

法則化運動が華やかだったのもこの頃で、私も向山洋一氏の本をたくさん読んだ。当時は算数だけではなく、国語も熱心に取り組んでみたし、ときには町の国語担当の指導主事と対決授業をしたこともある。この頃に出合った向山洋一氏の『教師修行十年』（明治図書）は今でも読み返すと感動する。ともかく読みやすい。一気に読める本のよさ。繰り返し読んで元気になれる本。私はこの頃から、そんな本をいつか自分でも書きたいと思っていた。読むだけでは、よくわからないと思って、実際に会ってみることにした。法則化下関合宿に顔を出したのはその頃である。向山氏の直接の論文審査というのにも挑戦した。参加者のうちA判定を私だけがもらって仲間に自慢したのを覚えている。残念ながらその論文自体は単行本には掲載されなかったが、当時私はいろいろな教科で明治図書の法則化シリーズに名を連ねていた。図工も体育も……。今読むと懐かしいしその拙さは恥ずかしくもある。だが、よき思い出だ。原稿を書く力もこの頃に急激に身に付いた。

ちなみに、このとき書いた算数の論文はその後リライトし東洋館出版社の『このアイディアが子どもを動かす』に掲載された。内容は「矢印つきテープ図で文章題を6つのタイプに分類」するというもの。この本は全国算数授業研究会の誕生の頃の単行本である。

この下関の合宿の夜、出会ったのが、授業づくりネットワークを主催する教育科学研究会の授業づくり部会のメンバーである。私は地方編集委員として参加してみることを勧められ、ここからしばらく学事出版の『授業づくりネットワーク』（当時の編集長は藤岡信勝氏）に何度も実践記録を掲載してもらっていた。振り返ると、この密度の濃い5年間が私の原点でもある。

ただ、同時に一つの方法、一つの流儀に固執するのではなく、いろいろなバランスを考えて取り組んでいくことの大切さも当時痛感した。

4．全国算数授業研究会との出会い

最後に赴任したのは瀬戸内の小さな町。でも新幹線が止まる町、小郡町。今は駅名が新山口駅となっているが、この駅が校区の小郡小学校。児童数は千人を超える大規模校で、数年後には二つの学校に分かれた。

この学校に赴任する前から私は山口市で算数のサークルを行っていた。山口算数同好会というサークルで、多いときは40名を超える熱心な先生が集まる会になっていた。私はこの会で実は当時の筑波大学附属小学校の手島勝朗先生を招いた研究会を開催したのだった。そのきっかけは、先の民間団体の行っている本の中の実践に疑問を持ったこと。その執筆者と手島勝朗先生に、私は直接手紙を書いてその疑問をぶつけた。

本の執筆者本人から返信はなかったが、手島先生は若き二十代教師の疑問に向き合ってくださり、何度か手紙のやり取りをさせてもらった。それが縁で私のサークルでも講演会をしてもらったり模擬授業をしていただいたりした。当時の手島先生は、形式や権威ばかりを前に出す算数の研究会に反旗を翻されていて、もっと現場の教師が中心となる会を全国レベルで立ち上げようと燃えていらっしゃった。それが今、私が会長をしている全国算数授業研究会だったのである。

第一回大会に参加した私はその協議会に衝撃を受ける。文字通り歯に衣着せぬ議論が繰り広げられ、田舎でぬるま湯につかっていた私には刺激的だった。そして求めていた世界はここにあると思ったものである。29歳だった。

第一回大会は参加者が100名に満たない会だったと記憶している。懇親会では本の中でしか出会えない先生方と直接話ができて、夢心地だったのを覚えている。第二回大会では申し込み番号が一番最初だということで、会場からのパネリストに指名されて、理事の先生の授業を斬るという役目を仰せつかった。これまた忘れられない体験となった。

そしてあろうことか、その年の冬、私は手島先生から誘われて筑波大学附属小学校に着任することになり、第三回大会では全国算数授業研究会の事務局をしていた。

つまり、私はこの会のすべての立場を経験した唯一の教師といえる。一般参加の教師の気持ち、会場からのパネリストとして壇上に上がる緊張感、事務局として参加者を迎える立場、そして理事、最後は会長をしているわけである。全国算数授業研究会は平成とともに歩んできた会である。そしてその歴史は私の算数教師としての人生とも一致している。

この会に育ててもらったという感謝の念で今はいっぱいである。

5．手島勝朗・正木孝昌・坪田耕三　三大達人から学んだこと

私の筑波人生の扉を開けてくださったのは手島勝朗先生その人である。手島先生の『算数科 問題解決の授業』は今でも私のバイブルの一つである。だが、前任者であるため手島先生とは附属小学校に同時期にいることはなく、直接毎日の日々で学ばせてもらったの

は正木孝昌先生と、坪田耕三先生のお二人だった。

坪田先生には、指導案を板書形式で考えるアイデア、子どもたちがおもしろがる教材の発掘の仕方、そして何より算数教育の世界で教師集団がおもしろいと思える企画の様々な仕方を教えてもらった。初めての単行本は坪田先生との共著だったりする。どのようにして自分の実践を本という形で世に出していくかを傍にいて根本から学んだことを感謝している。本年の3月に他界されたが、まだまだたくさんのことを学びたかった。残念である。

赴任してほぼ毎日をともに過ごしたのは正木先生である。子どもの声で授業を創るという授業哲学の原点は正木先生から学んだといっても過言ではない。正木先生とは毎日飲みながら算数教育論で激論を交わしていたから、私の論争力はこの日々で構築されたと言ってもいい。同僚の夏坂哲志はこの日々に毎日付き合わされていたから今思えばかわいそうなことをしたかもしれない。田中と正木の論争の最後は決まって夏坂先生に対して「お前はどちらの意見に賛成か」と詰め寄るのだから。

人はどのような出会いがあるかによって人生は大きく変わる。算数教育に関してはこの3人とともに過ごせたことが私の大きな幸運だったと思う。さらに同じ時期、筑波大学附属小学校でライバルとして切磋琢磨したのが、細水保宏先生、他教科だがともに刺激し合った国語の白石範孝先生、二瓶弘行先生とも同時期だったことがさらに私に幅を持たせてくれた。

出会ったすべての先生方、そして子どもたちにただただ感謝の日々である。

心得 58

学校現場と教育行政　二つの立場から

土居

採用以来、今年が37年目になる。教壇教員18年、教育研究所2年、教育委員会事務局15年、学校長2年で、学校現場と教育行政にほぼ半分ずつを勤務したことになる。初任者当時に思い描いた教員生活とはずいぶん違ったものになったが、貴重な体験をさせてもらったと感謝している。それぞれの立場で感じたことの一端を述べてみたい。

1．強烈！　高知算数セミナーとの出会い

高知に算数セミナーという研修会がある。今年（２０１８年）で48回を数える。毎年7月末に筑波大学附属小学校の先生方を講師に招いて開催され、夏の全国算数授業研究会の原型ともいわれている。私が初めて参加したのは初任者だった１９８２年、第十二回のことだ。当時の資料を見ると講師の欄には正木孝昌先生、窪田騰先生、池知瑗水先生（高知大学附属小）のお名前があり、３本の授業並びにパネル、３本の講演が行われている。教職についてまだ4ヶ月足らずの時期だったのでどの授業も鮮烈であり、授業後のパネルには圧倒された。今回改めて当時の指導案を読み返してみると、授業のシーンが蘇り、このときに抱いた「こんな授業がしてみたい」という思いは今も色褪せていない。授業につい

て考えるきっかけとなった研究会だ。

当日の夜は懇親会にも参加させてもらったが、雲の上の存在であった講師の先生方に囲まれて緊張しっぱなしだったために会話の内容は全く記憶に残っていない。ただまわりの皆さんがしきりに「土居君はどう思う？」と、話題に加われるようにしてくださっているにもかかわらず、まともに応対できないことが悔しくて仕方なかった。心の底から、授業に関わる者として同じ土俵で実践について自信を持って語ることができるように早くなりたいと思っていた。このことをきっかけにして、どんな講師の先生の話を聞く場合でも、それを鵜呑みにして教えを請うのではなく、実践を基にして対等な立場で向き合うという姿勢が身に付いた。教育委員会勤務で授業から離れていた時期を含めて、いつも授業について持論を述べることのできる自分でありたいと考えているが、こんな研究に対する基本的なスタンスを身に付けさせてくれたのが高知算数セミナーだった。

2．授業が変われば学校が変わる

教壇教員では2校（初任の高知市立初月小学校で10年、2校目の高知市立泉野小学校で8年）に勤務した。そのいずれでも最終年度に中国・四国算数・数学教育研究（高知）大会（中四国大会）を会場校として開催し提案授業を行った。どちらの場合も大会テーマに迫る授業を目指し、少しは貢献できたという思いがあるが、研究主任としての立ち位置は少し異なっていた。その違いを表現するなら、自分の授業の変革を目指すか学校全体の授業の変革に重きを置くかという点だったと思う。1回目の初月小学校では、まだ自分自身の授業をどうするかということに精一杯で、学校としてどのように授業を変えていくかという方向性を十分に出し切れていなかったという反省が残っている。

その点、2度目の泉野小学校では学習感想から子どもの授業に対する生の思いを読み取り、それを足がかりとして授業改善につなげるPDCAについて提案することができた。授業について語る際もその単元や、時間の限定的な表現でしか説明できない自分から、どの授業でも通用する汎用性のある説明ができるようになっていた。また「提案のある授業がしたい」という思い以上に「育てた子どもの姿を見てもらいたい」という思いが強くなっていた。その意味では2回の中四国大会は自分を成長させてくれる大きな転機となった。授業が変われば学校が変わることを確信できたのは2度目の中四国大会前のことだった。

3. 全国の仲間とともに

毎年8月の筑波大学附属小学校で開催される全国算数授業研究大会は今年30回目となるが、毎年高知算数セミナーに参加していた私は正直なところ「わざわざ東京に行かなくても」と思っていた。しかし、そんな思いは1993年の第5回大会に初めて参加することで一蹴されてしまう。当日の朝、受付でいきなり授業のパネリストを依頼されて登壇したことも驚きだったが、何より全国から集まった参加者の熱気に圧倒されそうになった。

それ以後、大会では提案授業や実践発表を行う機会に恵まれたが、それに加えて全国の志を同じにする仲間と知り合えたことは大きな財産になった。毎年8月に一学期の実践を携えて集まり、仲間の授業に大きな刺激を受け、エネルギーを蓄えて二学期に臨むというサイクルが繰り返された。残念ながら教育委員会事務局時代はあまり大会には参加できなかったが、大会で出会った先生方を地元の学校の校内研修や研究会に講師として招き、力を貸してもらった。また12月に開催される地方大会では授業だけではなく各地の研究組織や大会の運営についても交流し、貴重な情報を得ることができた。

地元では当たり前のことが他の地域ではあり得ないことであったり、その逆もあったりで、それを参考にすることで懸案事項が解消するということも少なくなかった。全国算数授業研究大会のおかげで全国の仲間と太いパイプを結ぶことができた。

4．答えは「はい」か「イエス」か「喜んで」

高知市算数研究会（市算研）の研究部長をしていた頃、私から市算研会員への電話連絡や文書は「悪魔の電話」「悪魔の手紙」と呼ばれていた。通常、研究会や大会の役員を依頼する際には、準備会を開いて役員案を作成し、個々に打診したうえで依頼状を送付するが、当時の私は各部員の内諾もとらずにいきなり授業者や研究討議の司会、運営等の記載された役員一覧表と依頼文書を送りつけていた。電話連絡するときも、役員をお願いするというのではなく決定事項として伝達していた。「悪魔の電話」「悪魔の手紙」と呼ばれたのはこのためだ。しかし最初からこんな手順を無視したやり方をしていたわけではない。日頃の研究部会の度に「次は授業者をお願いできるかな」とか「今度は司会をしてみよう」といった働きかけをしていたし、研究会の反省会や懇親会では当日の仕事を労うことに加えて、次のステップの役割を示すことを心がけていた。そうすることで個々の部員が役割を自覚して自発的に活動できる組織にしたいと考えていた。だからかもしれないが、突然の文書や電話での依頼にもかかわらずほとんど断られたことはなかった。こんな一見、無茶なことができた背景には市算研にずっと受け継がれてきたモットーがある。若い頃から、先輩の方々によくこう言われた。「仕事を頼まれたら断るな、できるかどうかは客観的に見ているまわりの者が判断する。そのうえでの依頼だから必ず引き受けなさい」

この「仕事を頼まれたら、答えは『はい』か『イエス』」という精神は私だけではなく市算研の仲間には少なからず浸透している。やるかやらないか迷うときには、「やってみたい」という気持ちと「自分にできるだろうか」という気持ちが交錯している。そんな状況の後押しをしてくれるのがこの精神だ。先日の高知算数セミナーの準備会で一人の先生が、「私の学校では、仕事を依頼されたときの答えは、『はい』か『イエス』か『喜んで』です」と話してくれた。今もこの精神が受け継がれ、さらにグレードアップされていることを知って嬉しくなった。

5．授業の温度差

「百の位から10を借りてきて、百の位は9になるので……」

男の子が筆算の手順を懸命に説明しているが、次の言葉が出てこないとみた授業者が「十の位はどうなるのかな?」と遮った。もっと話したそうな彼の表情を見て、その子の思いを学級全体で考えれば違う展開が生まれるのにと思いながら教室を後にした。別の教室では、図と式の関係を説明している子どものたどたどしい言葉から、授業者がなんとか思いを読み取ろうとしていて、まわりの子どもはそれを理解しようと真剣に聞いている。こんな学級には必ず子ども同士のかかわりが見られ、互いに高め合おうとする姿がある。

教育委員会の学校訪問での風景だ。毎回必ず全学級の通覧があり、多いときには1時間に、10学級以上参観することもあった。そのため教室に入ってやっと学級の雰囲気を掴んだと思った途端に「そろそろ、次の学級へ」という先導役の先生の声がかかることも少なくない。そんなとき、なんの未練もなく次の教室に移動できることもあれば、「もう少しここにいたいのに」という思いで、後ろ髪を引かれることがある。この違いはどこにあるのか考えてみた。簡単にいえば魅力ある授業かどうかということになるだろうが、それだけでは説得力がない。そんな疑問を抱きながら何校かを訪問しているうちに答えに辿り着いた。教室から動きたくないと思う授業に共通しているのは、授業者が「目の前にいる子どもたちを育てよう」「何とか学びの質を高めよう」と悪戦苦闘しているということだった。授業の「うまい」「へた」ではなく、授業者の中に、授業を変えようという意欲と、子どもを育てようとする姿勢が見られるかどうかが分かれ目になっていることに気付いた。これは授業を少し見ただけでも感じ取ることができる。

6. やるかやらないか悩んだら実行する

ここで次の手立てを打つべきかと悩むことがある。特に教育次長時代は、その結果から起こりうる影響の大きさを考えて思い悩むことがあった。悩むということはメリットとデメリットがあるということであり、10対0で全くデメリットがなければ悩む必要はない。

こうした場合に大切なのは状況を正確に把握することだ。それも担当者としての立場からではなく全体を俯瞰して把握する必要があり、若い頃、先輩の先生から「一段高いところから見る目を養いなさい」とアドバイスされたことを思い出した。担当者としての判断が教育委員会としての判断となる事務局に勤務していた当時は特にこのことを意識した。確かな状況判断に基づいて最悪の状態を想定し、万全の対応策を準備する。そのうえで楽天的に対処することが求められた。その中で常に「やるかやらないか悩んだら実行する」ことと、「どちらの判断が弱い立場の側のためになるかで判断する」ことを心がけてきた。すべてがうまくいったわけではないが、多くの場合納得できる結果となった。後で「あのとき、こうしておけば」と後悔しないよう、もう一手間かけることが肝要だ。

7. 子どもの活動が評価規準

教育委員会事務局で勤務した15年間のうちの2年間（2009－2010年度）で仕事を県教育委員会に勤務。全国学力・学習習慣調査において中学校の結果が芳しくないことを受けて「中学校学力向上推進チーム（通称「第二チーム」）」が新たに設置された2009年4月に、8名の中学校教員出身の指導主事と一緒にチームのチーフ（2年目は専門企画員兼務）として配属された。第二チームの主な業務は各中学校の学力向上対策に対して個別に指導することにあり、8名の指導主事は4班に分かれて県内の中学校に巡回訪問を行うことになった。

私の職務はチーム全体を統括することにあったが、日程上の都合で自ら中学校を訪問して授業の助言をすることも少なくなかった。5教科はもちろんのこと、ときには音楽や体育の授業についての指導を求められた。中学校の先生方の専門教科について助言することには戸惑いもあったが、覚悟を決めて向き合うしかなかった。各教科の専門的な内容については心許ないところがあるために、参観する際には、教科の内容的なことではなく、授業の中で生徒が活動しているかという一点のみを拠りどころにしていた。授業者の指示による活動ではなく、生徒自らが「問い」を持って活動する場面がどれだけ担保されていたかという量的な視点と、場面設定や発問は妥当だったのか、学習活動は生徒の「問い」に沿ったものになっていたのかという質的な視点についてのみを話題にすることにした。

その結果、結構核心をついた助言ができ、授業者を含めた参加者を納得させる話ができたと自負している。こうした授業をみる視点はどんな教科にも通用するものだと思う。

8．ずっと追い求めているもの

もしも私の中に「授業論」というものがあるとすれば、それは正木孝昌先生の存在抜きに語ることはできない。高知算数セミナーや高知市算数研究会主催の研究会、県内の学校の校内研修の講師として数多くの授業を見せていただいた。自校の校内研修に来ていただいた際には、全学級の授業通覧、校内授業研究会の指導助言、師範授業に講演とずいぶん無理なお願いをしたが快く引き受けてくださり、帰郷されたときには必ず「授業」を肴にして行きつけのおでん屋さんで一緒に飲ませてもらった。突然「明日、お前の授業が見たい」と言われて、夜中に指導案を書いて授業をしたこともあったし、我がクラスで授業をしてもらっている途中で、続きをやってみろとチョークを渡されたこともあった。「前夜の話の中で授業については説明しているからできるだろう」というメッセージが込められていたが、こんな突然何が飛び出すかわからない宴席なのでいつも、ただ話を聴くのではなく、自分の実践や考えを主張することで対抗しようと試みた。そのおかげで正木先生の講演や出版する書籍の内容を数ヶ月前に聴くことができたことは幸運だった。

現場から離れている時期は、正木先生と話をすること自体が私の授業改善へのエネルギー源であり、そのことでなんとか授業とつながることができた。正木先生との対話の中で出された「授業で最も大切なことは……」「子どもはなぜ算数を学習するのか？」といった難解な宿題を追い求めることは、私の「授業論」を築く土台となっている。

9．新米の学校長として

昨年（2017年）4月から、16年ぶりに学校現場に戻り、学校長としての生活が始まった。教職員人事や不祥事を含めた諸課題、議会への対応等から離れたことに安堵する一方で、在校している子どもたちの安全と安心を確保し、激変する将来の社会を自らの力で切り拓くことのできる確かな力を育成するという使命を鑑み、教育委員会時代とは違った責任の重さを実感している。この使命を全うするために60歳の新米校長は次の2点を学校経営の両輪に位置づけている。

○徹底した児童理解

学校の日常では本当に様々な風景に出くわすことがある。子どもの突発的な行動や攻撃的な言動の対応に苦慮することもある。大人からすれば「なぜ？」と理解できない言動の背景に前日の家庭での出来事があったり、数ヶ月前の子ども同士のトラブルがあったりする。そのことを理解せずに「どうしてそんなことをするの」と叱ったところで何も伝わらない。子どもが表出する反応や言動には必ずその子なりの理由が存在するというスタンスで徹底した児童理解を行い、それに基づいて課題に向き合わなければ何も解決できない。

○徹底した授業改善

子どもは誰でも認められたいと思っている。互いのよさを認め合うことで、子どもの自己肯定感を高めることのできる、そんな授業を追求していきたいと考えている。また、新学習指導要領の求める「主体的・対話的で深い学び」については、これを具現化できるのは現場で実践している私たちだけだという自覚を持って臨む必要がある。日々の授業の中では「主体的」「対話的」な子どもの姿が見られ、学びの深まりが見て取れる場面がある。それらをきちんと見きわめて評価し、現場からこれこそが「主体的・対話的で深い学び」だと発信していく気概を持つことが重要だと考えている。

学校経営の両輪となる方針を掲げたが、現実は「言うは易く、行うは難し」である。家庭環境も含めた子どもの内面・背景にあるものまでを理解することは容易ではないし、授業改善の歩みは決して平坦ではない。このままでいいのだろうかと不安になることもあるが、節目、節目で見られる子どもの素敵な姿に、進んでいる方向性に間違いがないと勇気づけられつつ、子どもが成長していく瞬間に立ち会える喜びを実感している。

心得59

初任で決まった教師人生

宮本

「教師人生は初任の3年で決まる」という言葉を若い頃よく聞かされた。私の場合もそうだった。当時「熊本の算数は重味《しげみ》を見ればわかる」という評判まで立っていた、その重味小が私の初任校になった。大学が教育学部数学科だったので願ってもない初任校だった。毎年11月に行われる重味小の研究発表会には、熊本県はもとより九州各県から、さらには関西からも500名以上の先生方で小さい講堂は埋め尽くされる。全校児童70名足らずの小さな学校だから公開授業は各学級10名前後の子どもたちは150名程の先生方から囲まれ、ひしめき合う中で行われるのだ。地方の公立学校としては今では、想像を絶する授業風景かもしれない。

年度当初の4月は、前年度からの研究課題や理論研究が中心になる。研究テーマが設定され、研究計画が立てられる。それをもとにゴールデンウィーク明けから研究授業が始まる。どこの学校でもあるようなスタートだが、研究授業の回数が半端なく違う。週の月曜日三校時と木曜日三校時の2回が設定される。

順番は当然若手から。単学年なので担任6人が一通り回ったらその6回の研究授業を総括する理論研が設定される。ただ、当時は土曜日も授業が行われていた時代で、学校視察が頻繁に行われていた。土曜日に重味小を視察し、その後阿蘇旅行というパターンだ。その視察の際にも授業公開をお願いされ、大抵若手教師が指名される。ときには授業をし、その後講話を求められることもあった。

初任の私にとって月に二、三度の研究授業は当たり前だった。常に教科書、指導書、学習指導要領、ノート、ファックス原紙等のワンセットを布のバッグに入れ、いつでもどこでも書けるように準備していた。初任の3年間の住まいは菊池の繁華街だったので、夜は誘いにくる先輩教師も多く、指導案の3分の1くらいは行きつけのスナックで書いたのではないだろうか。

初任の頃の重味小の職員は、ほとんどが算数教育のスペシャリストで、五十代の女性教論2人は2人とも二度目の重味小勤務、四十代の男性教論2人は管内の算数教育研究会の中心的メンバーだった。そんな先生方の授業を毎週のように見ることができ、また自分でもやり、週2回の厳しい授業研究会の連続、それを初任から5年間も続けたら算数が詳しくならないわけにはいかないだろう。初任5年目には、有志4人で『重味の教育～子ども主体の授業を求めて30年～』というハードカバーの本を出版した。巷では幻の名著（？）と呼ばれているらしいのだが……。有難いことに私も有志の一人に加えていただいたのだ。

「私の教師人生は重味の5年で決まった」といっても過言ではない。

1．私の算数教育を支えた特別活動研究

初任の学校は、当時熊本県いや九州でも算数教育研究で有名な学校だった。児童数70名足らずという菊池の山間部の小さな小学校。私と一緒に後藤平生《ごとうひらお》という校長先生が赴任された。後藤校長は三月まで当時熊飽《ゆうほう》教育事務所の指導主事をされていた先生で、専門は理科と特別活動だった。

ある日、私に「僕は算数のことはわからないけど、特別活動のことなら宮本先生の相談に乗れるかもしれないから何でも尋ねてほしい」という主旨のことを言われ、続けて「特別活動をやっていて損はないよ。きっと算数を支えてくれるはずだから」と付け加えられた。

後藤校長は1年後、中学校に異動されたので、直接後藤校長から特別活動を教わるのは1年だけだったが、学級会活動から学級指導、児童会活動から委員会活動とありとあらゆることを教えていただいた。算数は校内研で、特別活動は後藤校長からと本当に今から考えると贅沢な初任者研修だった。

教職2年目が終わろうとしている頃、後藤校長から校長を通じ「来年度菊池郡市の特別活動研究会の事務局長になってほしい」というお話をいただいた。

事務局長という仕事がどういうものかも知らずに最終的には引き受けるわけだが、通常は教頭になるような先生方が引き受ける仕事で初任3年目の若輩者が引き受ける仕事ではなかったようだ。結果的には初任3年目、4年目、5年目の3年間事務局長の仕事を恙無

く終えることができた。そのうち2年間は菊池郡市の代表として教育課程研究集会で発表の機会も得た。

教職5年間で算数と特別活動という大きな武器を二つも持つことができたのだった。

教職2校目は、熊本市の当時児童数1100名以上のマンモス校だった。市より基礎学力向上の研究委嘱を受け、若いやる気のある先生方がひしめいていた。研究発表会を終え、丁度30歳のときには研究主任にとの命を受けた。

職員数が60名程いたので研究では様々な活発な意見が飛び交っていた。私は算数を校内研の中心に据えたかったので、続けて学力向上若しくは教育課程の委嘱を校長には希望したのだが、なんと委嘱を受けたのは特別活動、それも新しい領域の学級活動だった。学級活動は学級会活動と学級指導が統合された新しい領域だ。もう特別活動を研究することはなかろうと思っていたのに、これまた不思議な縁で特別活動、特に学級活動が研究対象になったのである。

この学級活動の研究は全国の教室に学級目標を誕生させ、子どもの自発的自治的活動を促進させてくれた。子どもの心がより豊かになり、取り組みが能動的になってきた。話し合いの質も高まってきた。教科の授業にも変化が見え始める。当然算数の授業も変わってきた。後藤校長の言葉通りだった。私の授業に算数と学級活動の相乗効果が表れ始めていたのである。

2．全国算数授業研及び筑波大附属小算数部とのパイプを創り、連携を深める

教師人生の大きなターニングポイントの一つが、全国算数授業研究会それに筑波大学附属小学校算数部との出会いだ。

教師生活10年目を一区切りに熊大附属小からオファーが来た。私も3度目のオファーなのでもう断れないと思っていたら、当時の所属校の校長から待ったがかかった。それを不憫（？）に思ったのか、先輩の先生方が熊本市算数教育研究会（市算研）の事務局次長に私を大抜擢したのである。

ところが、事務局長に就任予定だった先生が行政へ異動。しばらくは事務局長の席も空席だったのだが、それではさすがにまずいということで、仕方なく暫定的に私が昇格したのである。そこで事務局次長には後輩教師をつけ、約２３０名の大所帯の市算研運営に、見よう見まねで乗り出すことになったのである。

しかし、若輩の私らがやっていることが、先輩らには危なっかしくて仕方ないらしい。そこで事務局次長と相談し、先輩らも手が出せないような世界を開拓しようということで出かけていったのが、当時はまだそんなにメジャーではなかった全国算数授業研究会だったのである。

もし、あのとき、熊大附属小のオファーを蹴っていなかったら、多分今の私はいないだろう。それなりに頑張ってはいただろうが、筑波とも全国算数授業研とも無縁の、外から眺めるだけの教師人生だったかもしれない。

当時は雲の上の存在だった、正木孝昌先生や坪田耕三先生とも出会い、平成7年度には「筑波大附属小学校VS熊本市算数教育研究会」の授業対決を企画した。

そこでの田中博史先生の公開授業が熊本の授業者に与えた影響は半端なくすごいものだった。実力の差を見せつけられた思いだった。ここから筑波附小と熊本市算数教育研究会との関係は切っても切れないものになっていく。

次の年に、正木先生、坪田先生の公開授業、また次の年に細水先生、田中先生の公開授業というように年2回の筑波との授業研究会は私が事務局長をしていた12年間は恒例行事のように続いた。もちろん、筑波とのご縁は今なお続き、今も年1回は筑波大附属小算数部の先生のどなたかをお呼びし、授業研を開いている。

私自身も全国算数授業研の第一号の幹事になり、数年後には理事にもなり、いろいろな勉強の機会を与えていただいた。40歳を過ぎた頃、坪田先生の薦めで初めての本を出す機会もいただいた。自分だけの本が出版できるなんて一生ないだろうと思っていたので感無量だった。筑波大附属小のあの大講堂で授業する機会もいただいた。

教諭の時代は常に参加できていた授業研も教頭や教育行政勤めになったら、すんなりとは行けなくなった。しかし、平成6年から続いている私の授業研連続参加は、教育センターの所長や校長になった今も途切れてはいない。連続記録24回を更新中である。そういう状況に置かれたことにも感謝しなければならないと思っている。

3. 全国規模の算数教育研究大会の開催を通して、熊本の算数魂を一つにする

私が熊本市算数教育研究会の事務局長になってから4年目、新算研（新算数教育研究会）の「小学校算数教育研究全国大会」のお話が当時の中田寛隆会長を通じてやってきた。市算研はその時々でいろいろな研究団体の支部になる。なので当然、新算研の全国大会も快諾した。平成8年度開催に決まった。さあ、そこからやることがいっぱいである。

まずは、これまでの11回の大会の情報収集。日程から内容、大会テーマ、授業をみる視点など表に整理してみた。一度だけ大阪開催があっただけで、あとはすべて東京を中心とする関東圏で行われていた。初めての地方大会、しかも九州・熊本大会になるわけだ。中央本部もかなり不安に感じての決断だったとは思う。しかし、むしろ初めてだからこそわくわくした。

特別公開授業の授業者を誰にするか。一般公開授業の授業者は県内からの公募にしようか。メインの講演の講師を誰に頼むか。など大変ではあったが、考えるだけでわくわくする。特別公開授業の授業者の数人は、既に私の頭の中にあった。

当時、筑波大附属小の正木孝昌先生にはぜひ特別授業をやっていただきたいと思っていた。しかも体育館でやっていただければと考えていた。なぜ体育館での授業なのか？　それは私の頭の中では参加者が千名は超えるだろう、それには体育館での授業は不可欠だと思っていたからだ。

もう一人は、東京学芸大教授の当時は日本数学教育学会会長の杉山吉茂先生である。一

度は断られたのだが、ぜひということでお願いした。杉山会長の授業もぜひ見てみたかったのである。

講演の講師は悩んだ。予算もある程度枠が決まっている。予算内である程度インパクトのある講師を選定していった。一時は当時『大往生』というベストセラーを書かれた作家・作詞家の永六輔さんに何度かアプローチを試みたのだが、仕事の予定は3ヶ月前までしか入れないということで、丁重なお断りの葉書をいただいた。

最終的には、お茶ノ水女子大学教授で作家の藤原正彦先生をお呼びすることになった。作家の新田次郎氏と藤原てい氏を両親に持つ数学者である。後に『国家の品格』という大ベストセラーを刊行されたが、この大会での講演もとても刺激的で感銘を受けた。

大会当日平成9年1月24日の九州地方の天気は霙《みぞれ》。JRも不通になる天候。当時は事前の申し込み制度もなく、蓋を開けてみないと参加人数もわからない状況だった。朝から鹿児島や大分から参加を予定していた先生方からも参加できない旨の電話が入る中、霙にもかかわらず、参加者はなんと千名を大きく上回ったのだった。

準備していた紀要も足りず、指導案も刷り増しする程だった。参加者の「寒い、寒い」という声にストーブも緊急に30台程借り、日程どおりに終えることができた。

この全国大会を通して、熊本県の算数教育の進む方向性が定まったような気がした一日だった。

4. 指定都市目玉施策「教師塾」を開校し、若手教師の授業力向上に取り組む

51歳の年、田中博史先生、柳瀬泰先生、土居英一先生と私の4人で『学校を元気にする33の熟議』という本を出した。その本の中で柳瀬先生は「若手教師がぐんぐんと育つ学校のつくり方」という提言をし、それについて熟議をしたのだが、その話し合いについていけない自分がいた。ＯＪＴとかＯｆｆＪＴとかいう言葉は聞いたことはあったのだが、当時私の中に「人材育成」といった視点が大きく欠けていたのである。

その熟議からなんと1ヶ月後の異動で私は熊本市教育センター勤務を命じられた。教育センターの主な業務に「研修」がある。各自治体では研修センターと呼んでいるところさえあるくらいだ。異動内示をもらったとき、もっと真剣に「人材育成」について学べということかなとこの異動の意味を悟った。

丁度その年度は、熊本市が政令指定都市へ移行する前年度だった。教育委員会も指定都市での目玉政策を模索し、若手教師を対象にした「教師塾」が候補となっていた。その「教師塾」の企画立案がめぐり巡ってなんと私のところにやってきたのである。数ヶ月前まではＯＪＴとかＯｆｆＪＴの意味さえはっきり捉えていなかった私がなんと、熊本市政令指定都市元年の目玉政策事業を立ち上げる羽目になったのである。

基礎資料も何もない。全く一からスタートである。まずは、教師塾がどういうものか先例として浜松市が取り組んでいるということで視察に行き、ある程度の概要はつかむことができた。しかし、浜松市の教師塾をすっかり真似するわけにはいかない。それ以上のも

のを創れという指令が出ている……。

あるとき、思い悩んでいた私に天の声が降りてきた。

「お前がこれまで体験してきたこと、学んできたことをそのまま教師塾に置き換えればいいんだよ」と。この天からの声により私の中に次々とおもしろいようにアイディアが浮かんできた。

募集する塾生は、初期の研修期を終えた教職4年目から10年目までにしよう。その塾生には教科に応じた形で塾生を指導する師範をつけよう。塾生と師範の師弟関係を大事にしよう。塾生の研究授業には師範が指導し、師範にも講師授業をしてもらおう。塾生だけでなく師範にも勉強してもらう機会をつくろう。中央から誰もが認める授業名人をお呼びし、授業や講話をお願いしよう……。

しかし、企画案がすんなり通るほど、行政は甘くはない。なにせ血税を使って事業を起こすのだ。教育センター内をまとめ、それを課長会議にかけ、部長、次長、教育長と次々に厚い壁が立ち塞がる。やっと教育委員会内でまとまっても次は財政課。ここが首を縦に振らない限りお金は出ない。もちろん、目玉事業だから最終的には結果はＯＫ。1年前には「人材育成」の視点すら持たなかった私がなんと『～熟議』から1年も経たずに、熊本市の若手教師の育成システムを創り上げたのだった。

心得 60

算数教育の先達に学ぶ

柳瀬

1．はじめに

「いつが一番楽しかったですか」と若い人から聞かれることが増えた。迷わず「今」と答える。学校、地域、研究会、私にはもったいない仲間に恵まれている。そう思える今だからこそ「楽しい今」をつくってくれた「過去の時間」も大切にしなければいけないと思う。ここでは算数研究にかかわる二人の先達に感謝の意を綴ってみたい。

2．坪田先生に聞いてみたかったこと

昭和56年、教師として第一歩を踏み出した地は東京都世田谷区だった。その区の算数研究会（以下、「世小研」）には、その後、日本の算数教育を牽引することになる錚錚たる猛者たちがいた。そういうメンバーが集まる研究会なので激論は当たり前、夜の反省会は必ず朝まで続いた。「朝まで」などと聞けば、若い人は、まさか、と思うだろうが紛れもない事実である。坪田耕三先生もその世小研の猛者の一人であった。

教師になって3年目。世小研の9月の研究会の授業者として推薦された。推薦といえば聞こえはよいが、「少々生意気なあの若者の実力を見てやろうじゃないか」という具合

だったように思う。私にとっては初の大舞台、その協議会の司会を引き受けてくれたのが坪田先生だった。

授業は第6学年の「点対称」だった。私は学校の横を走る国道246号線沿いにあるカーショップに出かけ、車のホイールのスライド写真をたくさん撮った。これを子どもに見せ、「かっこいい」「きれい」と言わせ、その声の意味を追求する中で図形の性質を考えさせたいと臨んだ授業だった。結論からいえば「63分」という長丁場の授業となってしまった。子どもの声はねらい通りで出たものの、点対称の性質を観察し表現する場面が難所となった。

協議会では、厳しい意見をいただいた。指導主事も顧問校長もそろって辛口の指摘であった。講師の指導講評が終わり、会が終了に近づくと、隣で司会をしていた坪田先生が、突然耳元で言った。

「今日はずいぶん、言われちゃったけど、俺はそれほど悪くなかったと思っている。最後に3分、時間を取ってやるから、もう一度、自分の主張をきちんとしてみろ」と言う。そして、坪田先生は、「本日の協議会はこれで終了となります。異例ですが、最後に今一度、この若い先生に反論、あるいは主張の時間を与えたいと思います」と全体を仕切ってくれた。しかし、せっかくつくってもらった時間を私は生かすことはできなかった。

その夜の反省会、坪田先生にお礼とお詫びを言いにいくと、先生は、「まあ、仕方ない。でも、次はきちんと言わないとだめだぞ」と穏やかに諭された。「はい」と返事をすると先生は続けた。「俺も初めての授業研究の協議会で、司会者から同じことを言われた。その司会者は誰だと思う?」。ちょっと時間を置いて続けた。「お前の親父、修先生だよ。だから、俺も同じことをしてみたんだ」といたずらっぽく笑った。

協議会で指摘されたことはほとんど記憶にない。それなのに、坪田先生の言葉だけは、一言一句、はっきりと耳に残っている。

その翌年、坪田先生は筑波大学附属小学校に栄転されたが、先生が発起された「教材開発研究会」に誘っていただいたり、平成元年には「授業研究会」(現在の「全国算数授業研究会」)の発足時にも声をかけていただいたりした。手島先生、正木先生とも直接語れる機会が広がった。公立時代の若き田中博史にも出会った。ここで出会った全国の研究仲間とのつながりは、今となっては何物にも代えがたいものとなっている。

平成5年からは高知セミナーにも毎年参加させていただいた。参加して4年目のセミナー最終日、坪田先生の授業のパネリストに上げていただいた。前日に「やってみるか?」と坪田先生に声をかけていただいた。高知セミナーは高知県の先生と筑波大学附属小学校の研究会であるから、私のような部外者がパネラーに上がることは滅多にないことで、坪田先生の後押しがあってこそ貴重な経験ができた。今でも分不相応であったと恐縮している。

平成9年には、高橋昭彦氏と『パターンブロックで創る楽しい算数授業』(東洋館出版社)を書いた。おそらく日本で初めてのパターンブロックに特化した本であろう。手紙を添えて真っ先に坪田先生に新刊書を進呈させていただいたところ、すぐにお電話をいただいた。「本、ありがとう。おもしろかったから一晩で読んだよ」と褒めていただいた。その後が坪田先生らしい。「ところでさ、誤植があったぞ」と言い、「108頁の図、あれは間違っているぞ」と指摘が入る。つまり、一頁一頁、きちんと読んでくださったということだ。これには感激した。たくさんの著書を執筆された先生だからこそ、一冊の本を書き上げる苦労を知っているのだと感じた。

平成10年には、坪田先生を発起人とし、「ハンズ・オン・マス研究会」を発足した。第1回の開催場所は私の勤務校、杉並区立桃井第三小学校であった。「東京の公立学校で始めた方がよい」という坪田先生の配慮だった。その後、高橋氏はアメリカの大学へ、私は都行政へ移り、本会の運営は坪田先生に一任し、大きく育てていただいた。平成28年にはハンズ・オン・マス研究会の100回記念に同席させていただき、101回には坪田先生を目の前に講演の機会もいただいた。

このように回想してみると、私の算数人生は坪田先生の存在なくして考えられない。今となっては、恩返しはできないが、「恩送り」という言葉がある。巨星の足元にも及ばないが、坪田先生を介してこれまで出会った仲間やこれから出会う仲間を大切にしたいと思う。

あの夜、聞いてみたかったことがある。私に、「次はきちんと言わないと（主張しないと）だめだぞ」と諭された夜のことだ。

「先生は、初めての研究協議会、自分の主張はできましたか。それはどんな主張でしたか」

今となってはこの答えを聞くことはできない。

3．山内俊次先生と東京都算数教育研究会

(1) 都算研

三つの算数教育研究会で学ばせていただいている。一つは、東京都算数教育研究会。昭和57年からの参加となり、現在、会長を務めている。もう一つは、新算数教育研究会。一般会員として昭和60年から参加している。そして全国算数授業研究会。平成元年の発足時から参加し、理事を務めている。また、この間、日数教学会誌算数教育の編集部幹事にも長く携わった。今年は日数教１００回東京大会の大会運営副委員長の役をいただいている。

都算研は東京23区27市5町８村にある市教研、区教研等と連携を図りながら、東京の算数教育の充実・発展に努めている研究団体である。勤務時間に出張扱いで研究発表、授業研究などの研究活動ができる公的に認められた研究団体である。

公的な研究団体はともすると権威的になったり、形式的になったりしがちだが、役員・会員一人ひとりの研究への意欲を重視し、自由闊達な活動が保証されるよう工夫している。東京の各地区で算数教育をけん引する常任理事（全員が現役の校長である）が部会や委員会の運営を担当し、若手・中堅教員の人材育成というもう一つの目的も果たしている。各種委員会の開催する授業公開・研究会は、年間20本を超える。歴史を振り返っても都算研

で学んだ若手が教育行政に進んだり、現場に残って自ら研究会を立ちあげたり、今後の東京都の算数教育の進展に大いに寄与していると感じる。

平成30年度、私は第54代会長として承認された。歴々の会長・役員に連なる名前や研究物を見ると荷の重さが増すばかりである。

(2) 山内俊次先生の足跡

① 経歴

都算研の創始者は、山内俊次《やまのうちとしつぐ》という。

都算研創設30周年記念誌（昭和55年発行）の沿革概要によると、「都算研は昭和24年に算数同好会の型式で発足し、月一回の研究発表と討議を永田小学校で実施し、25年に規約を制定、昭和26年、千代田区立永田小学校長の山内俊次が初代理事長となる」と記述されている。

歴史ある研究会の源流をつくった人物が何を考え、どのような実践をしたのか、このことについては、現在の都算研ＯＢも定かでない状況となっていた。

私が山内の研究の足跡について興味を持ち調べるきっかけとなったのは、東京学芸大学の遠座知恵先生より頂いた一通のメールからである。遠座先生からは、「東京女子高等師範学校附属小学校（以下、東京女子高師附小）のカリキュラム改革について関心を寄せているが、そのカリキュラム開発に関わった中心人物に山内俊次という訓導がいる。この方が都算研の初代理事長と同人物だと思われる。」という内容だった。

早速、遠座先生のお話を伺い、資料提供頂き、間違いなく東京女子高師附小の山内訓導と永田町小の山内校長が同一人物であることが確認できた。

山内は、東京女子高師附小に大正10年から昭和10年まで訓導（教員）として勤務し、その間、北澤種一主事のもと、大正新教育運動の潮流の中、「作業教育」のカリキュラム研究を推進すると同時に、算数教育の実践と数多くの教育論文を発表した人物である。昭和10年に東京女子高師附小を退官し、東京市（当時）豊島第一高等小学校に転任、その後、麹千代田区永田町尋常小学校長となり、昭和26年、現在の「東京都算数教育研究会」の初代理事長となった。

②研究と教育観

東京女子師附小の研究とその一翼を担った山内の研究は、当時同校が発刊していた「児童教育」に多く残されている。その提言から、教育の本質は社会の変化によって簡単に翻弄されるようなものではないと気付かされる。

たとえば、山内の論説には、現在の算数教育の大きな課題である「活動と活用」という切り口に繋がる提言がある。あるいは、「資質・能力」の育成やカリキュラム・マネジメントに繋がる提言がある。

1922年11月号「児童教育」に掲載された「算術における練習作業（一）」という論説には、今、私たちが算数教育で目指す「学びに向かう力」や「算数を活用しようとする態度」の育成という言葉が重なる。一部抜粋を紹介したい。

「算術教授は事実から出発して遂に抽象数の計算に及び、またこれを自由に事実に適用せしめ、一面事物測定の修練と相俟って、数量観念を養い、数的理法を会得せしむると同時に、将来これが積極的学習をなさんとする意思を養成することが、本科教授の目的から見て重大な任務であると思うのである」（p．301より引用）

この96年前の論説には、平成29年告示の学習指導要領の算数科の目標（3）に掲げられた「数学的活動の楽しさや数学のよさに気付き、学習を振り返ってよりよく問題を解決しようとする態度、数学的活動で学んだことを生活や学習に活用しようとする態度を養う」ことと繋がる。

山内はこの論説で「計算指導」を、「事実算」と「型式算」に分類し、その指導の在り方を考察している。「事実算」とは、「児童の生活に起こる社会上の事実、あるいは自然界の現象に対する数的関係の吟味」のことであり、「形式算」は、「その事実算から抽象した数のみの計算」としている。現在の計算指導においても、具体物を数えたり分けたりすることから出発し、次第に抽象的な数として形式的に処理できるようにし、さらにはその形式を自在に日常の事象に適応できることを目指しているが、果たして、私は今、山内の論ずるような深い学びの過程を理解し、指導に当たっているだろうか。

また、子どもたちの身の回りに起こる日常問題で、数理的に処理するには困難な場面がある。それを掘り起こし、算数授業の舞台に乗せたい。そして、そのような場面で、子どもが問題を観察し分析する力を育てたい。山内は、子どもが自主的に問題を吟味する態度の育成を重視し、「求めるものは何か」（所要要件）、「どこまでが分かっているのか」（既知要件）、「では、何ができないのか」（未知要件）の気付きを図る指導を示唆している。

子どもたちの日常から生ずる、算数にふさわしい問題が隠れている。これを発見させ、解決していく数学的活動の中で、算数を活用する力を育てたいとする山内のするどい算数観が現れている。

山内らが、1920年後半頃に試みていた評価（教育測定）実践も大変興味深い。今、注目されている「資質・能力の育成」の視点と繫がる。このことについては、「東京女子高等師範学校附属小学校における作業教育実践の展開」（遠座知恵「カリキュラム研究第二七号」）が参考となる。

当時の同校の評価の枠組みは、教科別ではなく教科を横断しての評価となっている。①「学校生活」は「直観」「作業」「発表」「遊戯」の四つの要素で評価され、②「学業成績」は、「知識」「技能」の二つの要素で評価されている。山内は、「教育教授の効果測定、換言すれば成績考査の方法は従来極めて簡単に考えられており、小学校令試行規則中の学齢簿の規定によって画一化されているが、算術の成績を単に「甲」といふが如き標語は今や時代に添わないのみならず、これがあるが為に所謂成績考査方法の進歩を阻害する」といっている。低学年の評価の「技能」の要素を、「作ること」「描くこと」「唄ふこと」「話すこと」「讀みとること」「綴ること」「数えること」の七つの資質・能力とし、これを教科横断的に評価しようと試みている。

また、近年多用されている「協働的な学び」という言葉があるが、すでにこの時代に山内らは、子どもの活動のプロセスに生じる「協同」を教育的として捉え研究を行っており、子どもの活動の変化は、目的活動の単なる「変更」ではなく、「発展」と捉えて研究を深めている。私たちは、当時の開発者からまだまだ多くのことを学ぶことができるだろう。

4．結びに

坪田耕三先生と、山内俊次先生のことを綴った。お二人が学校教育や算数教育に託した夢に思いを巡らせ、その夢の源泉を辿り、これからも継承し、さらに広げていけるよう、全力で下山してみようと思う。

【参考文献】山内俊次「算術における練習作業（一）」（『児童教育』大正12年11月号）遠座知恵「東京女子高等師範学校附属小学校における作業教育実践の展開」（カリキュラム研究第二七号）

スクールリーダーのリアルな仕事論を表現したかった一冊

ビートルズの「ホワイト・アルバム」という作品をご存知だろうか。1968年の発表から50年経った今でも若いミュージシャンがその音づくりを研究している。理由はビートルズ4人のリアルな音楽観が伝わるシンプルな音づくりにある。スタジオで録音された4人の演奏は、プロデューサーに委ねられた後も、できるだけ手を加えず、整えすぎずにマスターテープがつくられた。本書もそのように、学校現場の仕事論がリアルに伝わる一冊を目指した。書店に並ぶ学校経営論には書かれてないスクールリーダーとしての真の心得、学校の問題解決や人材育成に関する仕掛けづくりの秘訣が伝わるような一冊にしたかった。

田中、土居、宮本、柳瀬の4人は、それぞれ、山口、高知、熊本、東京の出身だ。各人が生まれ育った土地の文化や教育は一様ではない。30年近い長い付き合いだが、4人で話していると一向に話が噛み合わないことがいまだ多々ある。おそらく、育った環境や背景が、各々の教育観とそれを実現させる方法の違いに色濃く現れるのだろう。

カントによれば、花が美しいというのは、その花が美しさをもっているのではなく、見る人がその花に美しさを与えているのだ、という。同一の花でも、その美は、見る人によって様々だ。このことは、我々4人が学校の有り様を捉えるときも、授業の適否を語るときにも同様に起きている。だからこそ、様々な問題をテーブルに広げたうえで、その価値の多様性に広く適応できる方法を探ることが大事だと考える。私たちが、この「熟議」という手間のかかる手段を大切にしてきた理由はここにある。この経緯については田中博史が書いた「はじめに」を改めてご一読いただきたい。

本書の構成は、1章と4章が「熟議」である。この章は、他の章の執筆に先駆けて2度にわたり行われた。「スクールリーダーとは誰のことか」「スクールリーダーに伝えたい心得とは何か」等について直接会って熱心に言葉を交わした。だからこそ本書は、いわゆるビジネス本とは一線を画すスクールリーダーのリアルな仕事論になったと自負している。

この夏、いよいよ「学校における働き方改革」に関する具体的な施策が開始される。この先の取り組みが、教師にとって最も大切にしたい時間づくり、空間づくり、仲間づくりにつながるよう、現場をプロデュースするスクールリーダーの舵取りに大いに期待している。

「今こそ学校を応援したい」、私たち4人の思いを反映する編集とスピード感で本書を世に出していただいた東洋館出版社の畑中潤氏、小林真理菜氏、石川夏樹氏に深く感謝している。

二〇一八年　七月

柳瀬　泰
田中博史
土居英一
宮本博規

編集協力／株式会社 一校舎

スクールリーダーが知っておきたい
60の心得

2018（平成30）年８月８日　初版第１刷発行
2019（令和元）年10月13日　初版第３刷発行

著　者　田中博史・土居英一・宮本博規・柳瀬 泰
発行者　錦織圭之介
発行所　株式会社 東洋館出版社
〒113-0021　東京都文京区本駒込5-16-7
営業部　TEL 03-3823-9206 ／ FAX 03-3823-9208
編集部　TEL 03-3823-9207 ／ FAX 03-3823-9209
振　替　00180-7-96823
U R L　http://www.toyokan.co.jp

装　丁　水戸部功
印刷・製本　藤原印刷株式会社

ISBN978-4-491-03575-8
Printed in Japan